DOCUMENTS PRÉCIS

SUR LA MARCHE

DE

L'ENSEIGNEMENT GYMNASTIQUE

Paris. — Imp. Vve P. Larousse et Cie, rue Montparnasse, 19.

DOCUMENTS PRÉCIS

SUR LA MARCHE

DE

L'ENSEIGNEMENT GYMNASTIQUE

Depuis mon entrée au service militaire
le 29 juin 1829, au 2e régiment du génie, jusqu'à ce jour

AVEC

QUELQUES NOTIONS PRATIQUES SUR L'EXERCICE DU CORPS

AUX DIFFÉRENTS AGES

Par N. LAISNÉ

CHEVALIER DE LA LÉGION D'HONNEUR

INSPECTEUR GÉNÉRAL

DE LA GYMNASTIQUE DES ÉCOLES COMMUNALES DE LA VILLE DE PARIS

ANCIEN SOUS-OFFICIER AU 2e RÉGIMENT DU GÉNIE

PARIS

LIBRAIRIE PICARD-BERNHEIM ET Cie

11, RUE SOUFFLOT, 11

1886

AVANT-PROPOS

En publiant ce petit ouvrage, je n'ai pas la
pensée d'entrer en concurrence avec les au-
teurs compétents qui ont fait connaître l'importance de la gymnastique, aussi bien au
point de vue physique qu'au point de vue intellectuel, chez les peuples qui s'y sont adon-
nés. Je veux seulement montrer combien cette
longue succession de difficultés a apporté de
retard dans son application définitive, retard
d'autant plus incompréhensible que nous avons
sous les yeux l'exemple des peuples qui savent en faire usage. Sans la triste guerre de
1870, l'enseignement de la gymnastique serait

très probablement resté longtemps encore en souffrance.

Maintenant, cette science est à l'ordre du jour; on parle beaucoup de son importance, de ses résultats, mais quels progrès nous avons encore à réaliser! Ils seront, je l'espère, d'autant plus rapides qu'on a plus tardé à reconnaître ce qu'il nous en a coûté pour l'avoir trop longtemps négligé.

Mais c'est ainsi que se passent trop souvent les choses en notre pays. Depuis quelque temps l'instruction proprement dite est poussée avec une ardeur qui énerve les jeunes générations : on le voit, on le sait, on s'aperçoit même du triste état physique des meilleurs sujets; rien ne peut arrêter cet élan passager qui vise à faire des hommes dès l'âge de quatorze à quinze ans. A l'appui de mon opinion, voici ce qu'écrit M. J.-D.-F. de Bienville, docteur en médecine (p. 53) :

« Erreur dans l'éducation morale : on vou-
« drait former l'esprit des enfants avant leur
« corps. Ignore-t-on que jamais l'esprit ne se
« forme le premier sans accabler l'autre? »

J'ai cité dans mes précédents ouvrages un grand nombre de faits aussi significatifs; je ne les répéterai pas dans cet opuscule, me bornant à rapporter ce qui s'est passé pendant les cinquante-six années de ma pratique. J'aurai beaucoup de faits à constater; je serai parfois contraint de rappeler des choses peu agréables pour certaines personnes, mais je dois avant tout dire la vérité.

Pour ce qui regarde l'enseignement gymnastique dans les écoles communales, je suis heureux de remercier MM. les membres du conseil municipal de leur bienveillant concours, ainsi que la direction du personnel.

En 1872, nous avons commencé avec rien, et progressivement nous avons pu obtenir, en premier lieu, les xylofers, puis des haltères; un peu plus tard, des échelles orthopédiques pour les écoles de filles, et des échelles ordinaires pour les écoles de garçons. En 1881, on accorda quelques portiques avec leurs agrès; en 1882, des sautoirs mobiles. Depuis cette époque, les fonds votés par le conseil furent suffisants pour augmenter successivement le matériel gymnastique, à ce point qu'aujourd'hui toutes les écoles sont pourvues d'un portique avec ses agrès, et, cette année, ce maté-

riel est en excellente voie de progression : des
échelles horizontales, des barres à suspen-
sion, des sautoirs fixes avec tremplins et des
barres parallèles mobiles sont déjà. livrés
dans plusieurs écoles de garçons. Plusieurs
écoles de filles sont aussi pourvues de sautoirs avec tremplins et paillassons, de barres
parallèles avec ceintures, et, dans les écoles
où ces appareils ont été livrés, les filles se
sont livrées à ces exercices avec un entrain
admirable.

. Mais la fourniture des engins gymnastiques
ne devait pas se borner à ces seuls instruments. Désireux de m'acquitter le plus con-
sciencieusement possible de la mission qui
m'était confiée, et comprenant la difficulté à
vaincre pour fonder ce nouvel enseignement
qui, en réalité, est aussi compliqué que tout
autre, je me mis à construire un système
d'échelle horizontale (étant jeune, j'ai exercé
l'état de menuisier); je la plaçai moi-même
dans quatre écoles pour la mettre en expérience; après quelque temps d'essais, je con-
statai que cette échelle, placée fixe entre deux
colonnes, laissait à désirer. On ne pouvait s'en
servir que dans sa position horizontale, et elle

risquait de provoquer des accidents par l'imprudence des enfants. J'en construisis une autre
beaucoup plus compliquée, et je la scellai
contre le mur du préau de l'école de l'impasse
des Bourdonnais. Celle-ci pouvait se placer
horizontalement ou inclinée, à volonté, et une
fois les exercices terminés, elle était renfer-
mée dans un châssis, de sorte qu'aucun enfant ne pouvait en faire usage. Aussitôt qu'elle
fut posée, j'en fis faire l'essai par les professeurs, puis avec les enfants, et quand je fus
bien assuré du bon parti qu'on pouvait en
tirer, je la proposai comme machine-type
pour toutes les écoles de garçons. Grâce à la
bienveillance de l'administration, toutes les
écoles en furent successivement pourvues, et
elles n'ont jamais cessé de rendre les mêmes
services depuis leur premier établissement.
Encouragé par ce succès, j'en construisis plus
tard une connue sous la dénomination d'*échelle
orthopédique*, pour les écoles de filles; elle eut
le même succès, et, comme je l'ai dit plus
haut, toutes ces écoles en furent tour à tour
munies.

Au nom de MM. les directeurs, de Mmes les
directrices, au nom de tous les professeurs

dames et hommes, je remercie MM. les membres du conseil municipal de Paris et tout le personnel de l'enseignement primaire pour le patriotique concours qu'ils s'empressent de prêter à cet enseignement.

Passionné pour cette science que je pratique depuis tant d'années, constamment préoccupé de son avancement, j'éprouvai, lors de sa création dans les écoles communales, une véritable anxiété; car je savais, par expérience, combien il est difficile de fonder un nouvel enseignement.

Mon bonheur est grand aujourd'hui de le voir en aussi bonne voie, avec des professeurs dévoués et consciencieux dont le nombre augmentera progressivement suivant les nécessités de ce service.

Aujourd'hui que l'urgence de la gymnastique est reconnue, il reste, pour assurer la progression de son enseignement, à faire un règlement qui en fixe la pratique, afin qu'il ne soit pas permis, comme cela a lieu trop souvent encore, de supprimer la leçon de gymnastique soit pour des conférences pédagogiques, soit pour des manœuvres aux bataillons scolaires. Il y a eu des mois pendant lesquels

le nombre des séances supprimées était considérable; je l'ai relevé avec soin. Dans un
seul mois, pour conférences pédagogiques,
il a été :

Dans les écoles de garçons, de.   .   .   83
Dans les écoles de filles, de.   .   .   .   58
                                         ─────
                Total.   141

Depuis la formation des bataillons scolaires,
ces absences provoquent des dérangements très
nuisibles; pendant le mois de juin dernier, les
absences constatées sur les états de fin de
mois de MM. les directeurs étaient de 75.

Il est bien éloigné de ma pensée de chercher à critiquer ce que l'administration juge à
propos d'établir; mais on ne saurait trouver
mauvais que je réclame un règlement qui donnera satisfaction à tous.

Je termine en renouvelant mon vœu relatif
à la création d'une école normale de gymnastique générale pour le perfectionnement des
professeurs qui embrassent cette science. Cette
école est, je le répète, indispensable à son développement.

Ma première proposition sérieusement étudiée pour la constitution de cette école a été adressée à M. le ministre de l'instruction publique le 17 février 1865. Je l'ai renouvelée bien des fois depuis. Je n'ai jamais reçu de réponse à ce sujet.

N. LAISNÉ.

MON DÉBUT

DANS

L'ENSEIGNEMENT GYMNASTIQUE

Au moment même de mon arrivée au 2° régiment du génie, en garnison à Arras, le 29 juin 1829, notre bon colonel, M. Thuillier, venait de décider, suivant les plans du colonel Amoros, l'établissement d'un gymnase dans l'intérieur de la citadelle. Bien que je fusse jeune conscrit, on m'employa, en qualité de menuisier, avec d'autres camarades, à la construction des machines ; de grands arbres poussés sur les glacis de la citadelle furent abattus et transformés comme par enchantement en machines gymnastiques.

En moins de deux mois, tout fut terminé, et les cours purent être organisés d'une façon admirable. Les sapeurs étaient classés, suivant

leur force, par section; des poteaux indica-
teurs, portant un numéro, étaient plantés auprès des machines sur lesquelles les classes
d'hommes ayant ce même numéro pouvaient
être exercées; les hommes passaient à des
exercices plus difficiles à mesure que se déve-
loppaient leur force et leur instruction. L'entrain fut si grand que le soir, après les travaux pratiques, l'animation des hommes dans
la citadelle faisait ressembler celle-ci à une
fête de village. Notre brave colonel, en effet,
ne s'était pas contenté des appareils gymnastiques : des jeux de quilles, de boules, des ja-
velots, avaient été faits dans les ateliers du
corps; un sapeur de garde était à l'entrée de
chaque magasin, et chacun de nous était libre
de venir lui demander le jeu qui lui plaisait.
Un sapeur professeur de gymnastique en tenue
surveillait l'exécution des exercices pendant
les récréations, car il était formellement ordonné de ne faire ni saut périlleux ni tours
dangereux. Notre colonel était presque tous
les soirs au milieu de nous; il avait, par son
exemple, attiré bon nombre d'officiers, qui prenaient part aux exercices.

Mon père m'avait toujours fait peur du service militaire, parce qu'il avait servi durant les guerres de l'Empire, et cependant j'éprouve encore aujourd'hui une vive satisfaction quand je pense aux heures heureuses que j'ai passées à cette époque.

Voici un fait du même temps qui me paraît intéressant; je le rapporte parce qu'il montre ce que peuvent accomplir les hommes avec la volonté. Après quelques mois d'exercices gymnastiques, des courses furent organisées; tous les jours, avant le repas du soir, quatre compagnies devaient faire une lieue en quinze minutes; l'ordre du colonel était de ne pas forcer les hommes qui se trouveraient indisposés par cette fatigue. La première fois, quelques hommes seulement restèrent en chemin; aux courses suivantes, d'autres, voyant qu'on ne les réprimandait pas, les imitèrent en plus grand nombre. Quand le colonel eut connaissance de ce fait, il prit un ordre d'après lequel les sapeurs qui resteraient en route seraient obligés de terminer la lieue prescrite au pas ordinaire. A la course suivante, pas un seul sapeur ne resta en arrière.

L'escrime, la canne, l'espadon, le bâton et la danse étaient aussi encouragés; un assaut pour chaque genre d'exercices avait lieu le samedi matin en présence de notre colonel, et le vainqueur était mis à l'ordre du jour du lendemain. Cet entraînement presque constant et ces encouragements donnaient à chacun de nous une activité qui s'étendait à tous les autres services.

D'Arras, nous partîmes pour Metz, où je fus nommé sous-officier et directeur du gymnase du régiment. Bien que notre ancien colonel ne fût plus alors à notre tête, nous avions conservé le goût des exercices gymnastiques, et les cours furent organisés comme par le passé. Pendant notre séjour à Metz, je fus chargé, pendant six mois, d'instruire vingt pontonniers qui étaient venus de Strasbourg pour apprendre la gymnastique.

Un autre fait mérite d'être cité : notre colonel ayant été prévenu de la visite du roi Louis-Philippe, pendant huit jours et huit nuits, avec quelques repos, nous fîmes des travaux considérables de tranchées, de mines, de fougasses, etc., pour simuler le siège de la ville; tous les jours j'exerçais quarante sapeurs à gravir avec des perches à crochets dites *amorosiennes* le rempart où l'assaut devait avoir lieu. Le jour de l'attaque étant arrivé, pendant cinq heures, douze batteries d'artillerie installées devant la place et un grand nombre de grosses pièces sur les remparts furent mises en action, en même temps que trente mille hommes environ prenaient part à la fusillade.

Après le simulacre de la dernière action, je reçus l'ordre de monter à l'assaut avec mes quarante hommes. Nous étions en tenue, avec le fusil en bandoulière; nous prîmes, avec l'ardeur d'hommes excités au combat, nos quarante perches dissimulées dans une caponnière; elles furent promptement fixées sur la berme de l'escarpe que nous devions escalader, et nous montâmes tous avec une telle énergie que le drapeau porté par l'un de nous fut en partie mis en lambeaux par le feu d'une pièce, le signal de cesser le feu n'étant pas parvenu assez vite au canonnier servant. comme personne ne fut blessé, cet incident ne fit que couronner merveilleusement toutes les manœuvres jusque-là si bien réussies.

Si je me suis laissé aller à donner ces détails, c'est pour faire mieux comprendre ce que peuvent exécuter des hommes bien exercés quand il y a nécessité : en effet, pendant les répétitions journalières, quelques sapeurs restaient en arrière, et au moment réel de l'assaut, tout le monde est monté avec la même énergie; l'ennemi, étonné de notre audace, cessa son feu.

Tout rentra dans le calme ordinaire, aux applaudissements enthousiastes des spectateurs.

Pendant notre séjour dans cette ville, je fus désigné pour enseigner la gymnastique aux élèves du collège et à ceux de l'École d'application, dont M. Forjot, devenu depuis général d'artillerie, faisait partie à cette époque (1832).

Avant notre départ de Metz, M. le général commandant la place organisa sur l'esplanade une grande fête gymnastique militaire. Des prix furent accordés en grand nombre aux vainqueurs, et notre régiment fut celui qui en remporta le plus.

On sait que la population de Metz fut décimée par le choléra en 1832. Chose rare, notre régiment était au complet; nos chefs et MM. les médecins furent invités par le ministre de la guerre à demander et à prescrire tout ce qui leur paraîtrait utile pour conjurer le fléau et pour l'empêcher d'atteindre les sapeurs. Tous s'accordèrent pour décider que rien ne serait changé au régime ordinaire; les travaux et la gymnastique furent continués, et aucun sapeur ne fut atteint.

— Nous quittâmes de nouveau cette garnison, et ma compagnie fut détachée à Lyon pour prendre part à la construction des forts; là encore, en qualité de sous-officier et professeur de gymnastique, je fus chargé de surveiller l'agencement d'un gymnase complet dont l'établissement venait d'être ordonné par le ministre de la guerre. 24,000 francs étaient alloués pour son installation; il fut terminé en peu de temps. Ma compagnie quitta Lyon en 1834 pour rejoindre notre corps à Montpellier, et M. d'Argy, alors capitaine, fut nommé directeur de ce beau gymnase. Grâce à son savoir et à son entrain, il sut intéresser la troupe et captiver les directeurs des maisons d'éducation. Sous son intelligente direction, ce gymnase fut très fréquenté.

— Malheureusement, lui aussi rejoignit son corps, et bientôt l'essor qu'il avait su donner à ce bel établissement déclina, au point que, vingt ans après notre départ, je pus constater, en passant par cette ville, qu'il ne restait plus de ce gymnase que quelques débris de poteaux.

A Montpellier, je fus chargé de nouveau de la direction du gymnase. C'est alors que M. le colonel Amoros, qui m'avait remarqué lors de son passage à Metz, me fit demander, par l'administration de la guerre, pour remplir les fonctions de sous-inspecteur des travaux et exercices du Gymnase normal militaire et civil de Paris; je contractai un engagement de deux années et je partis vers la fin de 1835. A mon arrivée dans ce vaste gymnase, je fus surpris de son étendue, mais aussi du peu de confortable qui y existait. Le gymnase couvert était une ancienne grange à laquelle aucun changement n'avait été fait pour lui donner l'aspect de sa destination. Le gymnase en plein air était mieux agencé, comme on peut le constater en consultant le plan qui se trouve à la fin de ce petit ouvrage, plan que j'eus l'heureuse idée de lever en 1836 : car, sans cette précaution de ma part, on ne saurait pas si ce grand établissement a existé à Paris.

Je dois ici rendre à M. le colonel Amoros cette justice, c'est que, malgré le grand nombre de machines qui étaient disposées pour cela, il avait une aversion profonde pour les tours d'acrobates; tous les exercices devaient être exécutés avec ordre et précision, aussi bien du côté gauche que du côté droit, sur toutes les machines qui permettaient de le faire.

Il y a eu dans ce gymnase des séances princières, en présence d'un public nombreux; toutefois, la méthode du colonel Amoros, j'ai le regret de le dire, n'était pas conçue comme il convient; elle était la même pour tous les sujets, petits ou grands, sans distinction de sexe.

J'entrai en fonction dès mon arrivée. Le personnel de l'école était ainsi composé :

MM. Amoros, directeur;
    Des Montils, lieutenant, directeur des travaux et exercices;
    Laisné, sous-officier du génie, sous-directeur;
    Douze professeurs militaires, sous-officiers et caporaux;
    Trente officiers élèves;
    Soixante-quinze sous-officiers et caporaux destinés aux besoins des gymnases divisionnaires.

Notre service consistait en une séance de deux heures tous les jours, excepté le dimanche. Je fus surpris, moi qui sortais de l'école du génie, de voir que notre service se bornait à si peu de chose. Quand il y avait tant à faire pour compléter notre instruction gymnastique, nous ne faisions que grimper et sauter; tout cela était bien insuffisant pour nous donner une idée de l'étendue de cette science.

Il y avait deux années que je remplissais mes fonctions, lorsque, par suite d'exigences dont on ne pouvait pas prévoir la fin, cette grande école fut supprimée par décision royale du 29 décembre 1837. Nous reçûmes l'ordre de rejoindre nos corps respectifs. M. Amoros se retira rue Jean-Goujon, où il avait fondé un gymnase civil.

En pensant à ce qui se fait de nos jours, il me serait difficile de faire comprendre combien la suppression de ce grandiose établissement, qui avait coûté plus d'un million, me chagrine. Il y avait là des éléments suffisants pour généraliser l'enseignement gymnastique : cinquante mille mètres de terrain où il était facile d'organiser toute sorte de tirs, d'établir sans peine des piscines, des bains; de longs murs en ruine qui ne demandaient qu'un toit pour former de belles salles couvertes. Les hommes chargés de veiller à la sûreté de la patrie sont parfois bien imprudents ! J'ai été témoin des dernières difficultés du colonel Amoros avec les autorités. Cette triste affaire a été provoquée par un capitaine de cavalerie détaché pour nous commander dans ce qui concernait notre service militaire ; il prit M. Amoros en aversion et il lui fit supporter tant de contrariétés, qu'au ministère, fatigué des plaintes qui venaient des deux côtés, et pour y mettre un terme, on fit signer au roi la suppression de ce gymnase si richement pourvu en machines de tout genre.

A cette époque, je n'ai pas connaissance qu'il y eût d'autres gymnases à Paris. D'anciens élèves d'Amoros en avaient fondé dans différents endroits. M. Schreuder, capitaine des sapeurs-pompiers, en avait fait établir dans les casernes de ce corps, en 1826, et dans les collèges royaux en 1827. De 1829 à 1833, il fut créé, par ordre du ministre de la guerre, des gymnases divisionnaires dans les villes d'Arras, Metz, Strasbourg, Montpellier, Toulouse et Lyon ; mais la suppression du gymnase de Grenelle laissa un grand vide. Ce fut pour tenter de le combler que le ministre de la guerre nomma, en 1838, une Commission char-

gée de rédiger un règlement pour l'enseignement de la gymnastique dans l'armée. Cette
commission fut ainsi composée :

MM. Du Rocheret (comte), général, président ;
    Brack, colonel du 4ᵉ régiment de hussards ;
    De Panis, colonel du 9ᵉ régiment de ligne ;
    Denniée, intendant militaire ;
    Paulin, lieutenant - colonel des sapeurs-pom-
       piers ;
    Pasquier (docteur), chirurgien militaire ;
    Des Montils, ancien inspecteur du gymnase sup-
       primé ;
    Schreuder, capitaine des sapeurs-pompiers ;
    Turcas, employé à la guerre.

Chose assez étrange, M. Amoros, fondateur
de la gymnastique en France, ne faisait pas
partie de cette commission !

A cette époque, j'étais rentré dans la vie
civile, et je fus souvent consulté par M. le général comte du Rocheret. Après six mois d'un
travail assidu, le règlement était terminé ; il
fut remis au ministère de la guerre ; mais, pour
des raisons qui sont restées inconnues, cette
théorie ne vit jamais le jour.

Comme le terrain et le gymnase de Grenelle

avaient été concédés à vie à M. Amoros, il me proposa d'en prendre la direction. J'y restai quelque temps ; mais le rapport en était si mince que je fus obligé de le quitter. C'est alors que, peu de temps après, le hasard me mit en rapport avec les dames du couvent des Oiseaux ; j'établis dans leur pensionnat un petit gymnase, et j'y donnai des leçons à cinquante demoiselles pendant dix années.

C'est en enseignant dans cette maison que je m'aperçus de l'ignorance dans laquelle m'avait laissé la méthode Amoros. A partir de ce moment je fis tous mes efforts pour m'en débarrasser. J'étais établi lorsqu'un ordre du ministère de la guerre fit défense à tout chef militaire de diriger des gymnases particuliers. J'avais l'avantage d'être connu du capitaine Schreuder, qui dirigeait l'enseignement gymnastique dans les lycées : il me fit des propositions que j'acceptai, et je pris la direction des gymnases des lycées Henri IV, Louis-le-Grand et Saint-Louis, à la rentrée des classes de 1840. Malgré la modicité des émoluments, je conservai Henri IV et Saint-Louis pendant vingt-cinq années, et Louis-le-Grand pendant trente-quatre ans. Pendant ce long espace de temps, je pus faire de continuels efforts pour entraîner les élèves à ces exercices : car, je regrette de le dire, je n'avais de satisfaction qu'avec eux.

Je constate ici un fait qui m'a profondément frappé parce qu'il s'est produit dans un moment où je commençais à réfléchir au peu d'avenir que me laissait entrevoir ma position de directeur des gymnases des lycées. A la distribution des prix du lycée Louis-le-Grand, le 13 août 1846, M. E. Deschanel, dans son discours, s'est exprimé ainsi : « Pendant longtemps, les lettres et les sciences n'ont été considérées que comme une forme vaine ou comme une gymnastique, rien de plus. » Cette expression, lancée avec énergie par un homme d'une puissante éloquence, m'avait attristé au point de tout abandonner, mais j'aimais mes élèves et je persévérai.

Voici un autre fait que je voudrais passer sous silence ; mais je m'en suis trouvé trop peiné pour ne pas le faire connaître ; il montrera la différence qu'il y a entre ce qui existait alors et ce qui se fait aujourd'hui. Le lycée Saint-Louis accordait 1,000 francs pour l'enseignement gymnastique ; mais l'augmentation des élèves, exigeant trois professeurs, je donnais à deux aides

chacun 40 francs par mois et, pendant dix années, il m'est resté 3 fr. 33 centimes par mois
comme directeur du gymnase. Toutes les fois
que j'exposais ma position au proviseur, il me
répondait que des pompiers viendraient pour
moins que cela, et je continuai pour conserver
à mes aides leur position. Loin de me décou-
rager, bien qu'il n'y eût aucune espérance
pour l'avenir, je fondai le gymnase du lycée
de Versailles en 1842 et j'en gardai quelques
années seulement la direction en m'adjoignant
MM. les sous-officiers de l'École de Saint-Cyr.
Pendant cette direction, je fis beaucoup de petits modèles de machines en relief, qui furent
donnés aux élèves aux distributions de prix
gymnastiques. M. Théry, proviseur, me té-
moigna souvent son profond regret de ne pas
pouvoir disposer de fonds pour m'indemniser
de tant de dérangements. Ce fut tout, et je dus
cesser.

M. Dufau, directeur de l'institution des Jeu-
nes-Aveugles, située à cette époque (1840) rue
Saint-Victor, avait appris que dans un pays
peu éloigné de nous on faisait pratiquer la
gymnastique aux pauvres enfants atteints de
cécité. Rempli de bonnes dispositions pour ses

malheureux pensionnaires, **M.** Dufau s'empressa de demander des renseignements, particulièrement sur la méthode mise en pratique. Au reçu de la réponse, il me pria de venir le voir pour me la communiquer. Il était enchanté; mais il fut bien désappointé lorsque je lui fis remarquer que c'était tout simplement un extrait textuel du manuel du colonel Amoros.

Sur son invitation, et dans un but purement humanitaire, je consentis à établir à mes frais quelques machines en me servant des arbres, et, pendant deux années, je donnai deux séances par semaine durant deux heures, le jeudi et le dimanche, à quinze de ces infortunés. Je signale ici ce fait concernant les aveugles parce qu'il est typique; je plaçais mes quinze élèves sur un rang, puis j'expliquais au premier un exercice en lui dirigeant les bras et les jambes jusqu'à ce qu'il eût bien compris et bien exécuté l'exercice; mais c'était à recommencer avec le suivant, qui pourtant avait tout entendu, car il n'avait pas la moindre idée de ce que nous venions de faire.

Quoi qu'il en soit, cet essai ayant complètement donné satisfaction, je fus chargé d'organiser un gymnase, pour chaque sexe, dans le magnifique établissement qui venait d'être construit boulevard des Invalides ; j'en fus encore pour mes frais, ainsi que cela était arrivé rue Saint-Victor. Une somme de 600 francs venait d'être votée pour ces deux gymnases ; mais, en 1846, M. Dufau reçut l'avis que, vu la crise financière, l'on ne voyait pas la nécessité de sacrifier 600 francs pour faire danser des aveugles, et les deux gymnases, magnifiquement installés, périrent progressivement, de sorte qu'il n'en reste pas trace.

En 1842, j'avais pour ami M. de Sagariga, capitaine au 2e bataillon de chasseurs à pied ; l'entrain de ces hommes m'attirait vers eux, et, sans songer aux énormes dérangements qui pourraient en résulter pour moi, je consentis à me charger de la plus grande partie de la gymnastique du bataillon. L'énergie et la bonne humeur des chasseurs me faisaient paraître la distance de chez moi à Vincennes insignifiante.

En 1843, je fis établir un assez beau gymnase dans une propriété que je possédais près de la chaussée du Maine ; mais, quelques années après, en 1848, je dus me résoudre à le supprimer, mes occupations ne me permettant pas de le surveiller assez attentivement. Je fus surtout amené à prendre cette résolution à cause de la difficulté de trouver un professeur capable de comprendre l'importance que pouvait prendre cet établissement bien dirigé.

En 1845, j'ai fondé l'enseignement gymnastique à l'École polytechnique, et j'en ai conservé la direction provisoire pendant *trente années*, avec promesse tous les ans d'être nommé officiellement directeur avec des appointements moins dérisoires que ceux qui m'avaient été accordés ; il m'est pénible de raconter ce fait. Pendant ces trente années, je suis resté dans les meilleures relations aussi bien avec les autorités de l'École, qu'avec les élèves ; chaque année j'étais prévenu de la reprise des cours, mais la trente et unième année, je ne fus pas averti. Les professeurs, qui avaient l'habitude de me voir, me dirent : « Vous ne savez donc pas ce qui se passe ? ce sont des pompiers qui viennent maintenant à l'École polytechnique. » Je laisse aux personnes qui liront cet opuscule le soin de tirer la conclusion ; elles ne manqueront pas de reconnaître le peu de cas que l'on faisait alors, dans la haute administration, de l'enseignement gymnastique.

Cette même année 1845, le ministre de l'instruction publique nomma une Commission pour rédiger un règlement concernant l'enseignement gymnastique en France; elle fut composée de :

MM. Dutrey, inspecteur général des études, président;

Auvray, inspecteur de l'académie de Paris;

De Wailly, proviseur du collège royal Henri IV;

Aubert-Hix, censeur du collège royal Louis-le-Grand;

Ritt, inspecteur des écoles primaires de la Seine;

Rapet, directeur de l'école normale primaire de Périgueux, en congé;

Levraud, médecin du collège royal Henri IV.

(Extrait du *Journal général de l'instruction publique* du 22 octobre 1845.)

Cette Commission devait appeler, pour les consulter, tous les professeurs de gymnastique des collèges de Paris et Versailles; quatre-vingt-cinq questions nous furent transmises, avec invitation d'y répondre par écrit; puis on nous convoqua une seule fois, au nombre de cinq, dans un cabinet au lycée Henri IV. C'était le 12 novembre 1845, nous représentions deux éléments différents; deux professeurs civils, et trois militaires pompiers, sergent et sergent-major. Les questions qui furent adressées aux professeurs civils furent d'une insignifiance déplorable, et les trois militaires ne craignirent pas de déclarer que la gymnastique avait provoqué chez eux des actes ignobles. Entendant la réponse du troisième militaire interrogé, M. le docteur Levraud se leva : « Oh ! messieurs, dit-il avec énergie aux membres de la Commission, trois sur cinq, je propose de nous en tenir là ! » Dans le rapport si étendu et si instructif du docteur Hillairet, en 1869, il est dit : « Une autre Commission a été nommée en 1855 ; mais nous ne pouvons pas savoir ce que ses travaux sont devenus. » Je l'approuve de s'en être tenu à cette conclusion, car il aurait surpris beaucoup de personnes, et donné satisfaction à celles qui étaient antipathiques à cette science.

Le travail de toutes ces Commissions n'éclaira pas suffisamment la haute administration, puisque le ministère de la guerre en nomma une nouvelle en 1846. Celle-ci fut composée de :

MM. AUPICK, général de division, président ;
    AMOROS, colonel ;

MM. PAULIN, lieutenant-colonel des sapeurs-pompiers;
  SCHREUDER, capitaine aux sapeurs-pompiers;
  D'ARGY, capitaine au 70ᵉ de ligne, secrétaire;
  JOINVILLE, sous-intendant militaire;
  PASQUIER (docteur), chirurgien militaire.

Cette fois, je fus chargé par l'administration de la guerre de réduire et dessiner toutes les machines et instruments qui devaient être prescrits par le règlement, de poser et faire poser devant le dessinateur, pour les attitudes des différents exercices; ce travail dura dix mois. Je me figurais toujours que le dévouement désintéressé était la meilleure manière de servir la patrie : j'ai demandé 150 francs pour un travail qui en valait 2,000.

En 1846, je fus chargé par M. Philippou, architecte, de construire deux gymnases, un pour chaque sexe, à l'Institution des sourds-muets. Ces gymnases furent établis dans d'excellentes conditions; aussitôt qu'ils furent terminés, je rendis visite à M. le directeur, que je trouvai en compagnie de M. Nau, économe, et je lui demandai d'accorder des appointements, quels qu'ils fussent, à un professeur, sans rien réclamer pour moi. L'économe se leva

et, frappant sur son énorme ventre, il s'écria :
« Mon père n'a jamais fait de gymnastique, je
n'en ai pas fait non plus, et je m'en trouve
bien. » Puis il ajouta que, lorsqu'il s'agirait de
trouver des fonds pour la gymnastique, il y aurait tant de réparations à faire qu'il ne reste-
rait jamais rien pour elle. Le directeur ne
faisant aucune observation, je dus me retirer,
et les deux gymnases périrent successivement
sur place sans avoir été utilisés.

En 1846, le préfet de la Seine ouvrit un concours pour le choix d'un délégué général
chargé de l'enseignement gymnastique dans
les écoles communales. Je copie textuellement
le programme de la préfecture; il fera connaître quelle différence il y a entre ce temps-
là et l'époque actuelle.

PRÉFECTURE

DU DÉPARTEMENT DE LA SEINE.

Enseignement de la gymnastique.

ARTICLE PREMIER.

Les professeurs de gymnastique français et étran-
gers peuvent concourir pour l'emploi de délégué gé-

néral pour l'enseignement de la gymnastique dans les écoles communales de la ville de Paris.

ART. 2.

Les candidats devront adresser une demande au préfet de la Seine et produire à l'appui :

PREMIÈREMENT, toutes les pièces qu'ils jugeront propres à établir leur moralité, leur capacité spéciale et leur expérience de l'enseignement de la gymnastique.

DEUXIÈMEMENT, un programme détaillé de leur méthode particulière d'enseignement, et, s'il y a lieu, deux exemplaires des ouvrages publiés par eux sur cette matière.

ART. 3.

Ne seront admis à concourir que les candidats qui présenteront une méthode purement élémentaire, pouvant s'appliquer au moyen des appareils les moins nombreux et les plus simples, les moins dispendieux et les mieux appropriés aux locaux actuels des écoles.

Les frais de premier établissement des appareils ne devront pas excéder *cinquante francs.*

Quant à la rétribution des maîtres appelés à donner cet enseignement, elle est fixée à raison de *cent francs* par an pour chaque école.

ART. 4.

L'enseignement pour l'essai des méthodes durera

du 1er janvier 1847 au 1er novembre suivant et con-
sistera en deux leçons par semaine d'une demi-heure
chacune, répétées dans l'intervalle par des moniteurs
qui devront être formés préalablement par les maîtres
de gymnastique.

ART. 5.

La liste des candidats sera définitivement close le
30 novembre 1846, et le comité central d'instruction
primaire désignera avant le 1er janvier 1847 ceux qui
seront admis pour l'essai des méthodes.

Après cet essai, il sera pourvu par le même comité
à la nomination définitive d'un délégué général pour
l'enseignement de la gymnastique.

M. Clias obtint cet emploi, qu'il conserva
peu de temps, et l'organisation de cet enseignement tel qu'il est indiqué ci-dessus eut peu
de succès.

Je commençais à être fatigué, — on l'eût été à
moins,—de tant d'essais infructueux, lorsqu'en
1847 je fus mis en rapport avec le directeur
et MM. les docteurs de l'hôpital des Enfants
malades, rue de Sèvres. Mais l'histoire de l'introduction progressive des cours gymnastiques
dans les hôpitaux exigerait trop de développe-
ments pour que je puisse en parler ici.

En 1846, il n'existait à Paris qu'un très petit

nombre de gymnases. Cette année-là, pour la première fois, un chef d'établissement bien placé démontra aux Champs-Élysées, pendant la fête du roi, avec ses professeurs, dans une baraque en toile, les merveilles de la gymnastique. On pouvait entrer moyennant une faible rétribution. Ce triste début eut rapidement des imitateurs, au grand préjudice de cet enseignement, qui, rationnellement pratiqué, n'a rien de commun avec les funambules. Malgré cette excentricité, ce directeur fut nommé professeur d'un prince royal.

En 1848, mon ami M. le colonel d'Argy et moi fîmes établir une série d'engins gymnastiques renfermés dans une caisse que chaque bataillon devait conserver pour son usage; l'administration de la guerre approuva cette innovation et l'usage s'en est perpétué.

C'est la même année 1848 que j'inventai, après bien des recherches et des modifications, une perche à escalade. De nombreuses applications de jour et de nuit aux fortifications de la ville furent faites par des militaires de toutes armes, et cet engin fut adopté pour les écoles du génie militaire. Le rapport complet de M. le général Cadard est inséré dans ma

Gymnastique pratique, avec le plan de cette perche.

En 1848 encore, je fus chargé, par ordre du ministre, d'enseigner les manœuvres militaires avec et sans fusil dans les trois lycées où je dirigeais la gymnastique; mais cela se fit avec peu d'ordre, faute d'encouragement. Bientôt après on rendit les fusils et il ne fut plus question de ces manœuvres.

En 1849, je fus chargé avec le colonel d'Argy d'établir une école normale de gymnastique militaire, à Fontainebleau, dans un parc connu sous le nom de *Parquet d'Avon.* J'en fis le plan, les travaux furent commencés. M. le colonel Amoros étant mort, nous fîmes abattre et transporter à Fontainebleau tout ce qui restait encore debout dans l'ancien gymnase du parc de Grenelle, abandonné depuis 1838. L'organisation de cette école était chose décidée, les travaux étaient commencés, mais le vent venait de tourner vers l'Empire. Nous reçûmes l'ordre de tout abandonner; le colonel d'Argy rejoignit son corps. Je fus indemnisé pour mes déplacements, et le parquet d'Avon fut remis en état pour recevoir les chiens de chasse de Sa future Majesté.

En 1849, j'exposai une collection de machines gymnastiques que j'avais modelées en relief; je reçus du jury une médaille de bronze.

Cette même année, je publiai une brochure intitulée : *Quelques conseils aux soldats.* L'administration de la guerre y souscrivit.

Au moment où je possédais mon gymnase de la chaussée du Maine, j'eus le bonheur d'y recevoir M. Barthélemy Saint-Hilaire, membre de l'Institut; ce fut pour moi une heureuse fortune : il me prit en affection, au point de m'engager à écrire quelque chose sur la science à laquelle je me dévouais passionnément. Je ne lui dissimulai pas mon peu de capacité pour un pareil travail; il m'engagea à consigner mes idées aussi bien que je pourrais le faire, offrant de revoir mon manuscrit pour qu'il pût affronter la publication. C'est grâce à ce concours gracieux et désintéressé que je pus publier, en 1850, mon gros volume intitulé : *Gymnastique pratique,* avec planches et figures. Depuis cette époque, M. Barthélemy Saint-Hilaire n'a jamais cessé de me prodiguer ses bons et judicieux conseils.

En 1849, mon ami d'Argy m'avait prié de l'aider pour composer une *Théorie de natation à sec* destinée à être mise en pratique dans l'armée. Il en parla plusieurs fois au ministère de la guerre sans rien obtenir; puis, il quitta Paris, après avoir déposé le manuscrit sans figures, pensant qu'il se passerait un long temps avant qu'il en fût question. Mais, peu après son départ, une catastrophe qui consterna tous les cœurs eut lieu : le pont de fil de fer de la Basse-Chaîne, à Angers, venait de s'affaisser pendant le passage du 3ᵉ bataillon du 11ᵉ léger ; 200 militaires de tout grade se noyèrent dans les eaux de la Maine (16 mai 1850).

Le lendemain matin, mon ami d'Argy et moi recevions l'ordre de composer cette théorie avec figures. Combien d'hommes ont appris à nager depuis cette date ?

Après la suppression de l'école de Fontainebleau, nous pensions que le projet de fonder une école normale de gymnastique militaire était abandonné ; il n'en était rien. Nous reçûmes l'ordre, en 1852, de l'établir dans la redoute de la Faisanderie, à Joinville-le-Pont. Je poussai les travaux rapidement et, le 15 juillet de la même année, le premier détachement militaire composé de 75 hommes y fit son entrée. Pendant trois ans, je restai attaché à cette école comme professeur spécial ; depuis cette époque, elle a continué de fonctionner avec un nombre d'hommes qui va toujours croissant. Il est fâcheux que sa direction se soit éloignée plus d'une fois du rigoureux enseignement que devaient y recevoir les militaires. Dans de grandes séances, on a exécuté des tours de force et des sauts périlleux. Lorsque je fus témoin de ces faits, je les déplorai bien vivement en pensant que l'éducation faussée de ces hommes devait se répandre partout où ils seraient appelés à enseigner la gymnastique. J'ai eu plus d'une fois occasion d'employer de ces hommes mal instruits en gymnastique, et plus d'une fois aussi je leur adressai des observations sur leur peu de savoir ; les uns m'accusaient d'être un homme en retard ; mais d'autres, moins entêtés, ont su me comprendre et sont devenus de bons professeurs.

Mais, tout dernièrement, ma satisfaction a été grande en assistant à une séance de cette école aujourd'hui dirigée par un de mes anciens élèves, M. Crombach. Cette séance fut remarquable sous tous les rapports : tenue des hommes parfaite, exercices d'ensemble ou sur les machines exécutés avec assurance et dignité. Je remercie ici mon ancien élève pour l'heureuse impulsion qu'il sait donner à ses élèves, ceux-ci conserveront bien certainement le plus heureux souvenir du bien qu'ils auront reçu de lui. Pour moi, au nom de l'humanité et de mon amour pour ma patrie, je lui témoigne ici ma franche et sincère reconnaissance.

Si les sociétés de gymnastique voyaient et entendaient ces trois cents hommes chantant en défilant, elles cesseraient très probablement d'exécuter leurs exercices en comprimant leurs poumons comme elles le font ordinairement. Je souffre en les voyant s'exercer de cette façon, et je ne suis pas le seul.

Toutes les Commissions antérieurement nommées n'avaient sans doute pas donné pleine satisfaction, puisque le ministre de l'instruction publique en nomma encore une autre, par décret du 7 novembre 1853; elle fut composée cette fois de :

MM. BÉRARD, inspecteur général de l'ordre de la
     médecine, président;
   CAYX, recteur de l'académie de la Seine;
   LESIEUR, chef de la 1re division au ministère de
     l'instruction publique;
   FORNERON, proviseur du lycée Louis-le-Grand;

MM. D'ARCY, chef de bataillon, commandant l'école
de gymnastique militaire ;

DELETTRÉ, capitaine des sapeurs-pompiers ;

D'ARBAUD, capitaine d'infanterie de marine.

Le résultat des travaux de cette Commission fut imprimé et adopté le 13 mars 1854 ; mais on ne fit rien de plus que par le passé.

Bien que le scientifique et bienveillant rapport de M. le docteur Bérard soit très significatif et qu'il démontre la nécessité d'étendre l'enseignement gymnastique, je dois me borner à en citer quelques passages ; le premier est extrait de la page 12 :

Il serait facile à un médecin de démontrer les bons effets de ces exercices, d'expliquer comment, chez l'homme qui s'y livre dans une mesure convenable, l'appétit est avivé, la digestion plus facile, le sommeil plus réparateur et plus profond, la respiration plus ample, la circulation activée, l'énergie musculaire accrue, le feu des passions amorti, la constitution tout entière affermie et améliorée.

Page 13 :

Sur 150 sous-officiers exercés pendant six mois au fort de Vincennes, pas un seul n'avait passé un jour à l'infirmerie.

Oserait-on dire que la gymnastique était demeurée étrangère à ce résultat? A l'hôpital des Enfants, la Commission constatait un fait d'une plus haute portée. Il est une affection qui consiste dans des contractions musculaires désordonnées, involontaires, affection plus commune chez les enfants que chez les adultes et souvent rebelle au traitement interne : c'est la chorée. La gymnastique a guéri les enfants qui en étaient atteints.

Observations très intéressantes sur l'importance du chant :
(Page 37 du même rapport.)

L'observation d'un rythme quelconque dans les exercices en commun, soit que les élèves en marquent les temps en prononçant à haute voix les mots *un, deux, trois*, soit qu'ils entonnent à l'unisson un air dont la musique et les paroles auront été composées pour chaque cas particulier, ajoute singulièrement à la régularité de l'exécution. Le rythme observé, de l'une ou de l'autre manière, a le triple avantage de donner un certain entrain aux exercices, de diminuer la fatigue et d'associer utilement, pour le poumon, l'action des organes respiratoires à l'action de l'appareil locomoteur; aussi conseillons-nous de l'introduire dans tous les exercices auxquels il peut s'associer, et, plus particulièrement, dans les assouplissements, les cadences, la marche accélérée, le jeu des haltères et celui des mils.

Si ces observations d'un savant aussi compétent ne font pas revenir les sociétés de gymnastique de leur erreur, que faut-il faire pour les convaincre?

Cette même année 1854, sur la demande du ministre de l'instruction publique, je fis, le 24 avril, le plan, avec un devis minutieusement détaillé, d'un gymnase couvert de première classe qui devait servir de type pour tous les lycées. La dépense totale pour la construction du gymnase, des machines et des instruments se montait à la somme de 17,114 fr.; celle pour le gymnase de deuxième classe à 8,594 francs. On me remercia beaucoup de la peine que je m'étais donnée.... en pure perte, puisque je n'ai plus jamais entendu parler depuis de ce projet.

En dehors des Commissions officielles, la Société qui s'occupait sérieusement de l'éducation des enfants des écoles communales en nomma une qui fut composée de :

MM. JOMARD, président;
BOULAY DE LA MEURTHE;

MM. Leret ;
Amyot ;
Lourmand.

Ces messieurs visitèrent différents gymnases et se rendirent plusieurs fois dans les lycées ; je n'ai jamais su quel avait été le résultat de leurs investigations.

En 1862, je modelai en relief le gymnase de l'hôpital des Enfants malades, à l'échelle de $0^m,10$ pour mètre, en vue de l'envoyer à l'exposition de Londres. Au cours de l'examen de la Commission, dont M. Léon Say était président, M. le président du jury anglais demanda que la Commission française voulût bien m'accorder la grande médaille, ce qui fut fait.

De tous les déboires que j'ai été forcé de supporter dans ma longue pratique, celui que j'éprouvai en établissant le gymnase du lycée du Prince-Impérial à Vanves, en 1865, me fut particulièrement pénible. Je travaillai là pendant six mois, avec les ouvriers ; les travaux de terrassement furent assez considérables ; je ne songeai pas à faire constater l'épaisseur de la terre enlevée dans les parties hautes du terrain, puis transportée dans les parties basses, tant je me doutais peu de ce qui m'arriva; quand le moment de régler le mémoire fut venu, l'économe, M. Leforestier, soutint si énergiquement qu'il n'y avait eu que très peu de terre à déplacer, que l'on refusa de payer la somme portée sur le mémoire; je perdis plusieurs centaines de francs, après un travail de six mois.

La suite de cette affaire donnera une idée de l'estime en laquelle on tenait les professeurs de gymnastique; lorsque les travaux du gymnase en question furent terminés, le proviseur, M. Julien, fixa les appointements des professeurs à 600 francs par an pour une séance d'une heure tous les jours : 26 séances en moyenne par mois, ce qui mettait la rémunération mensuelle à 50 francs, la séance à 1 fr. 92, dont il faut retrancher 90 centimes de voiture : il restait 1 fr. 02 pour chaque séance qui, à cause des longues courses, nous prenait trois heures. Nous n'hésitâmes pas à donner notre démission, et des militaires pompiers nous remplacèrent provisoirement; je perdis beaucoup plus que mes professeurs, car, dans l'espérance d'avoir des leçons particulières, j'avais établi un assez beau gymnase à mes frais, et je fus obligé de tout enlever. Tout commentaire serait inutile : il me suffit de faire connaître la conduite que l'on tenait alors à mon égard.

Et mon regret a été d'autant plus grand que je m'étais chargé de ces travaux par complaisance, n'étant nullement entrepreneur.

En 1867, j'exposai à Paris des modèles en relief. Je fus moins heureux qu'à Londres, car je n'obtins qu'une toute petite médaille en bronze.

Je fus bien largement dédommagé par les observations consignées dans le rapport de M. le chirurgien Demarquay, dont j'extrais quelques passages, moins pour moi que pour l'avenir de l'enseignement gymnastique.

Page 5 du rapport :

Nous signalerons d'une manière toute particulière les ouvrages de M. Laisné, qui a rendu en France de grands services par son enseignement théorique et pratique, et aussi par les ouvrages où il expose les doctrines et les faits qui les justifient.

Page 15 du même rapport :

La médecine et la chirurgie ne sont pas restées en

arrière dans ce mouvement ; je n'en veux pour preuve que la persistance avec laquelle elles ont réclamé l'introduction de la gymnastique dans nos maisons hospitalières consacrées surtout aux maladies de l'enfance et aux maladies nerveuses.

Ces gymnases, confiés aux soins dévoués et éclairés de M. Laisné, ont donné des résultats vraiment remarquables, dignes à la fois de l'attention du médecin et de l'administration.

Puis, page 17 :

Encore ici, nous sommes bien loin d'émettre une opinion qui nous soit propre et purement personnelle ; il faut reculer bien loin en arrière, dans le vaste champ de la science, pour retrouver l'origine de cette sage pensée qui veut associer le chant aux exercices gymnastiques.

Autre observation, page 18 :

De notre côté, nous pourrions citer telle province de la France (le Béarn) remarquable par la stature, l'agilité, la résistance vitale, l'harmonie des formes de ses habitants, où ce sage précepte de l'association du chant à la danse se trouve journellement mis en pratique.

Page 19 :

Quand on a assisté aux leçons de gymnastique données avec tant de dévouement par M. Laisné aux enfants de nos maisons hospitalières, il est facile de voir tout ce que l'on peut obtenir. Tous ces pauvres petits malades exécutent avec une précision parfaite un certain nombre d'exercices gymnastiques, en chantant avec un remarquable ensemble des chants distingués que ce gymnasiarque a associés à ses exercices gymnastiques.

Dernières observations, page 22 :

Pourquoi donc chaque grande ville n'a-t-elle pas de vastes établissements où, grâce à une sage distribution des forces du corps, des richesses de l'intelligence, on puisse voir bientôt disparaître sans retour des abus longtemps et inutilement signalés, sources d'infirmités qui ne disparaissent qu'avec la vie?

Pourquoi Paris, dans ses transformations et ses embellissements, ne nous donne-t-il pas par quartier un gymnase où chacun de nous pourrait faire un exercice convenable, une piscine où l'on pourrait se baigner, une bibliothèque attenante où l'on trouverait, pendant le repos qui suit l'exercice, un livre ou agréable ou instructif? Pourquoi enfin la capitale du monde ne posséderait-elle pas une école normale de gymnastique qui fournirait abondamment des professeurs à la hauteur de leurs fonctions?

N'est-il pas triste de voir que ces réclamations, faites si souvent par des savants qui ont reconnu la nécessité impérieuse de cultiver le corps en même temps que l'esprit, n'aient pas été entendues, car il n'en a jamais été tenu compte?

Enfin, une dernière Commission fut nommée par le ministre de l'instruction publique, par décret du 15 février 1868; elle fut composée de :

MM. DURUY, ministre, président;

    LARREY (le baron), président du conseil de santé des armées, membre de l'Institut, vice-président;

    MOURIER, inspecteur général honoraire de l'enseignement supérieur, vice-recteur de l'académie de Paris;

    PILLET, chef de la division de l'enseignement primaire au ministère de l'instruction publique;

    ROUX, colonel commandant le 9° régiment de ligne;

    JULIEN, proviseur du lycée du Prince-Impérial;

    GAUTRELET, chef de bataillon commandant le 20° bataillon de chasseurs à pied;

    VERGNES, capitaine instructeur de gymnastique du régiment des sapeurs-pompiers;

    BOUVIER, docteur, membre de l'Académie impériale de médecine;

5.

MM. HILLAIRET (docteur), médecin de l'hôpital Saint-
Louis et du lycée Saint-Louis;

DE FONTAINE DE RESBECQ, sous-chef du cabinet
du ministre de l'instruction publique, secrétaire.

Cette Commission termina ses travaux; ils furent approuvés le 3 février 1869. On y trouve un admirable rapport de M. le docteur Hillairet sur la marche de la gymnastique depuis les temps les plus reculés jusqu'à nos jours.

Quant aux prescriptions concernant l'enseiseignement gymnastique, ils ne sont autre chose que la reproduction de différents ouvrages beaucoup mieux composés que cette théorie.

L'enseignement gymnastique n'était encore que bien médiocrement apprécié lorsque l'événement de 1870 nous fit regretter notre négligence à former des hommes forts et vigoureux. Encore ce ne fut que deux années plus tard qu'on fit quelques efforts pour satisfaire en partie à ce besoin impérieux.

En 1872, j'eus l'honneur d'être désigné pour fonder la gymnastique dans les écoles communales de garçons, sans professeurs, sans machines ni instruments; mais l'ordre était formel. MM. les instituteurs furent convoqués.

A la première séance, soixante-quinze répondirent à l'appel et se réunirent dans un préau du lycée Henri IV. Je dois dire qu'à cette époque je trouvai chez ces messieurs une volonté et un entrain au-dessus de tout éloge. Grâce à ce précieux concours, la gymnastique put être enseignée dans un certain nombre d'écoles dès la rentrée de 1872 ; mais, notre besogne fut difficile pendant les premières années. Pour avancer l'instruction gymnastique de ces messieurs, nous fîmes de très fréquentes réunions par groupes dans différents centres. En 1873, je fus nommé inspecteur de cet enseignement avec *douze cents francs* par an ; cela eût été bien insuffisant si je n'avais pu me procurer d'autres ressources. Je continuai cette rude tâche qui augmentait chaque jour dans les écoles.

Voici par dates, la nomenclature des premières réunions des professeurs et des élèves : la première réunion d'enfants eut lieu au lycée Louis-le-Grand le 1er mai 1873 ; ils étaient au nombre de 360 ; les exercices d'ensemble furent très bien exécutés. Ces enfants appartenaient à différentes écoles.

Du 8 mai au 9 août 1873, les enfants de

37 écoles, au nombre de 1,605, ont été réunis dans différents centres.

Le 16 août 1873, 600 enfants furent réunis au lycée Louis-le-Grand, en présence de M. le directeur de l'enseignement primaire, de M. le vice-recteur et de 130 instituteurs professeurs de gymnastique et non-professeurs. C'est à cette réunion que j'ai fait exécuter pour la première fois des exercices avec les xylofers, par 40 enfants de la rue Tournefort auxquels j'avais consacré 36 séances pour les initier à ces manœuvres, en présence de l'intelligent et dévoué directeur de cette école, M. Laubier.

Témoin de l'effet produit sur les enfants exercés avec ces nouveaux instruments, le 16 novembre 1873, M. le directeur de l'enseignement primaire en faisait livrer dans 16 écoles, le résultat continuant d'être excellent, le mois de janvier suivant toutes les écoles en furent pourvues.

A partir de ce moment, il y eut de fréquentes réunions de professeurs et d'enfants. Pour la première fois, l'enseignement gymnastique pénétra dans la moitié des écoles congréganistes le 9 juin 1873, avec des professeurs spéciaux, et pour le reste le 1ᵉʳ juillet de la même année.

En 1873, le nombre d'enfants exercés à la gymnastique dans les écoles laïques était de 14,048, avec 120 professeurs.

Le nombre d'enfants des écoles congréganistes, à la même époque, était de 3,012, avec 18 professeurs non-instituteurs.

Le 1ᵉʳ juin 1874, les cours de gymnastique furent commencés dans les écoles municipales Colbert, Turgot et Lavoisier.

Le 1ᵉʳ mai 1874, je remis à M. le directeur de l'enseignement primaire le relevé que voici des enfants exercés à la gymnastique :

Écoles laïques.	14,048
Écoles congréganistes.	3,012
Total	17,060

Le 1ᵉʳ janvier 1875, je fis un autre relevé dont voici le résultat :

Dans 79 écoles laïques	14,840
Dans 54 écoles congréganistes.	3,615
Dans les trois écoles munici-	
pales	1,759
Total	20,214

En 1876, la gymnastique fut introduite comme essai dans 6 écoles de filles. En peu de temps les progrès ont été satisfaisants à ce point que, en 1878, le nombre d'écoles pourvues de ces cours chez les filles avait considérablement augmenté, ainsi que le démontrent les chiffres ci-dessous :

Écoles laïques de garçons. . .	19,981
Écoles congréganistes de garçons	5,784
Écoles laïques de filles	4,058
Total	29,823

A partir de ce moment, le nombre des professeurs et celui des enfants des deux sexes a toujours été en augmentant jusqu'à la présente année 1885, dont voici le relevé fait le 22 août :

Écoles communales de garçons.	42,295
Écoles communales de filles. .	29,190
Écoles enfantines.	1,065
Écoles normales filles et garçons et écoles municipales .	2,830
Total	75,380 élèves.

La gymnastique a été introduite à l'École

normale des instituteurs en 1875, et à l'École
normale des institutrices en 1876.

L'effectif du personnel enseignant est aujourd'hui de :

Inspecteur   1
Sous-inspecteurs, hommes . . .   3
Sous-inspectrices   3
Professeurs spéciaux, hommes. .   10
Professeurs spéciaux, dames. . .   10
Instituteurs-professeurs   474
Institutrices-professeurs   345

Total.   846

Je renouvelle ici à M. le directeur de l'enseignement primaire la demande que j'ai eu
l'honneur d'adresser plusieurs fois, d'accorder
à MM. les instituteurs et MM[mes] les institutrices, qui ont tant contribué à fonder l'enseignement gymnastique dans les écoles communales, une médaille, comme l'on jugera à
propos de la décerner, constatant le début de
cet enseignement (1872).

Le dernier règlement qui fut élaboré ne
donnait sans doute pas encore satisfaction,
car plusieurs autres le suivirent, jusqu'à celui
de 1884 qui est le plus récent ; il s'applique

aux hommes et aux enfants garçons. La même
année, on mit au jour celui qui concerne les
institutrices et les élèves filles; il est profondément regrettable, je parle ici au nom de
tous les professeurs sensés, que ces théories
pour l'enseignement gymnastique n'aient pas
été mieux conçues : celle des filles surtout
est déplorable. Je n'étonnerai personne en
disant que mon regret est grand d'y voir fi-
gurer mon nom : je n'ai paru que deux fois
dans la Commission qui en a déterminé les
règles; mais comment comprendre que l'on
n'ait pas songé à consulter, pour faire encore
mieux, les nombreux ouvrages publiés sur
cette matière? On aurait au moins profité des
poses dessinées, autrement gracieuses que
celles qu'elles renferment et des descriptions
plus compréhensibles pour l'exécution des
exercices.

Quelle fâcheuse impression doit produire
cette théorie sur les professeurs de gymnastique des pays voisins! Je conserve l'espoir
qu'elle ne tardera pas à être refaite, au grand
profit de ce salutaire enseignement, qui a fait
si longtemps défaut au sexe qui en a le plus
besoin.

Il se passera encore bien des années avant
que cette science obtienne la place qu'elle
doit occuper; l'absence d'une théorie rationnellement rédigée et celle d'une école normale
de gymnastique laisseront toujours cet enseignement dans le même état. De nos jours, il
en est de la gymnastique comme de tout autre
enseignement : on veut faire des hommes
avec des enfants de onze à treize ans sans
penser à ce que cet élan passager réserve pour
l'avenir.

D'un autre côté, lorsqu'on doit prévoir dans
un établissement important l'emplacement
d'un gymnase, la chose se fait sans consulter
les personnes qui pourraient donner des renseignements sur les dimensions à donner à
ces constructions. Je ne citerai que deux
exemples. Il y a longtemps, lorsqu'on a dû
construire la salle de gymnastique du lycée
Louis-le-Grand, le plan était parfaitement ar-
rêté pour une salle de 10 mètres de longueur
sur 8 mètres de largeur. Sur mon instance,
M. le proviseur a bien voulu accepter de venir
voir notre gymnase de l'hôpital des Enfants,
qui a 25 mètres de longueur sur 12 mètres de
largeur; ce qui le décida à porter celui de son

lycée à 22 mètres sur 11 mètres, salle qui, sur mes nouvelles instances, fut prolongée de 12 mètres quelques années plus tard.

En deuxième lieu, à l'immense lycée Louis-le-Grand tout récemment construit au Luxembourg pour y recevoir plus de mille élèves, la salle réservée pour le gymnase a 11 mètres de longueur sur 9 mètres de largeur, moins que la moitié du plus petit gymnase des hôpitaux, et pour comble, la hauteur n'étant pas suffisante, les élèves descendront neuf marches pour se rendre au gymnase.

INTRODUCTION

DE LA

GYMNASTIQUE DANS LES HOPITAUX

C'est le 1er juillet 1847 que je fus autorisé officiellement à commencer, à mes risques et périls, les premiers essais destinés à constater l'influence des exercices gymnastiques sur les enfants malades des deux sexes, à l'hôpital des Enfants malades, rue de Sèvres. Je m'empressai, accompagné de M. le directeur, d'examiner où je pourrais installer quelques engins. La place trouvée, j'établis de mon mieux ce qui me parut le plus convenable pour ces essais, et je me mis à l'œuvre le 12 juillet 1847. J'eus le bonheur d'appliquer si bien la gymnastique qui convenait à ces petits malades qu'un long rapport fut adressé par MM. les docteurs, le 11 novembre 1847, à MM. les membres du conseil général des hôpitaux. J'en rapporte seulement la conclusion :

Nous ne terminerons pas ce rapport sans vous parler de l'habileté, du zèle déployés par M. Laisné, profondément versé dans la connaissance de la gymnastique. Passionné pour cet art, M. Laisné sait communiquer à ses élèves toute l'ardeur qui l'anime; les beaux succès qu'il obtient sont dus principalement à sa manière de faire; nous regardons comme un devoir de le recommander tout particulièrement à votre bienveillance.

Nous avons l'honneur, etc.

Les médecins et pharmaciens de l'hôpital des Enfants malades,

Signé : GUERSAN père, GUERSAN fils, BAUDELOQUE, BLACHE, BOUNEAU et BATAILLE.

Note particulière ajoutée à la suite de ce rapport :

Nous avons appliqué la gymnastique à d'autres maladies que les scrofules.

Des essais tentés contre plusieurs affections nerveuses, la chorée principalement, ont donné de bons résultats et en promettent de meilleurs.

Signé : Dr BOUNEAU.

On comprend la reconnaissance dont je me

sentis animé, moi, simple professeur de gymnastique, envers MM. les docteurs, en voyant de quelle façon ils appréciaient mes efforts, et quel courage m'a donné ce bienveillant rapport. J'eus d'ailleurs de quoi donner carrière à mon zèle.

A la suite de ce rapport, le conseil municipal de la ville de Paris me nomma professeur de gymnastique à l'hôpital des Enfants malades par une décision du 4 février 1848.

En face de l'endroit où je m'étais installé, il y avait un grand terrain qui n'avait pas d'autre destination que celle d'y faire paître les vaches. Je le demandai avec instance à M. le directeur, qui l'obtint de l'administration le 11 août 1849. Je commençai sans aucun retard les travaux de terrassement. N'osant pas demander les fonds nécessaires à ce long travail dans la crainte d'un refus, dans la crainte aussi que le terrain ne fût rendu à son premier usage, je pris, avec l'autorisation de M. le directeur, quinze enfants les plus valides.

J'empruntai au lycée Henri IV douze belles petites brouettes dont on avait fait emplette pour les enfants du roi Louis-Philippe, et elles furent tant de fois réparées pendant le cours des travaux que je ne les ai jamais rendues. Je travaillai avec ces quinze enfants à cette rude besogne : car il fut roulé, par eux, à une distance plus ou moins grande, 44,000 petites brouettées de terre ou de sable. Pour nous procurer du sable, je fis un grand trou dans le milieu de ce terrain et ma prévision fut réalisée. Ma satisfaction a été grande lorsque, étant arrivé à 4 mètres de profondeur, j'en trouvai du magnifique. Mais une aussi grande masse de terre à déplacer avec des enfants pour suivre la couche de sable était chose difficile ; je pris le parti d'ouvrir des galeries, et il m'est arrivé de rester dans ces galeries jusqu'à dix et onze heures du soir, pour en extraire du sable que les enfants roulaient le lendemain matin dans les cuvettes réservées au pied des machines et sur le sol. Je demanderai un jour à faire pratiquer un puits pour voir ce que sont devenues ces cavités depuis trente-six années : car, fatigué de ce long travail, je me suis contenté de combler le grand trou sans m'occuper des galeries. Ces rudes travaux furent terminés à la fin du mois d'avril 1850. Je ne crains pas d'avancer qu'ils ont été le début d'améliorations urgentes dans cet hôpital. Le terrain qui nous fut accordé servait au pâturage des vaches ; l'avenue principale était bordée de vieilles haies en troncs d'ormes mêlés de troènes, et elle n'était éclairée que par des lanternes suspendues à de vieux poteaux en ruine.

Comme il n'existait alors aucun endroit convenable pour exercer les enfants pendant les mauvais temps, afin de ne pas interrompre les heureux effets produits par la gymnastique sur ces pauvres petits êtres, je continuai ces bienfaisants exercices en m'abritant tantôt dans un corridor, tantôt dans une pièce mansardée ; je me suis même servi d'une belle cave bien aérée, puis d'une salle de lingerie, n'ayant pour instruments que des bancs, des tables, avec ce que je pouvais fixer provisoirement : car, chaque fois que mes séances gênaient un service, j'étais obligé de me mettre en quête d'un autre local.

Mais l'intelligent et dévoué directeur, M. de Chaumont, peiné de voir mes efforts ainsi entravés, d'accord avec MM. les docteurs, signala à l'administration la gêne résultant du manque d'un gymnase couvert pour continuer cet enseignement qui avait maintenant fait ses preuves. Sur son invitation, je fis un plan et le devis qui furent présentés à M. le directeur Davenne, et, le 19 janvier 1852, nous fûmes informés que les fonds étaient accordés pour l'établissement d'un gymnase couvert. Les travaux furent commencés immédiatoment et terminés le 20 juillet de la même année.

Pendant le cours de ces travaux, les séances ne furent pas interrompues; au contraire, leur nombre augmentait sans cesse, avec des surcroîts de besogne. Le 5 février 1848, je fis faire une longue promenade à 28 enfants, et comme ils s'en trouvèrent très bien, elle fut renouvelées aussi souvent que je pus le faire.

En 1849, les résultats obtenus à l'hôpital des Enfants étant connus de l'administration, je fus invité par le directeur de la Salpêtrière à donner des séances aux enfants du service Sainte-Marie. Le 6 août de la même année, je commençai le cours avec 20 filles, et je donnai des séances tous les jours pendant un mois. Le 24 août 1849, j'obtins pour la première fois que 15 filles de ce service vinssent en grande récréation à l'hôpital des Enfants. Le 27 septembre, toutes les filles de ce service furent soumises au cours gymnastique. Le 27 octobre 1849, je fis venir pour la deuxième fois

40 de ces filles à l'hôpital des Enfants. Tout allait on ne peut mieux, grâce au rare dévouement de l'institutrice de ces jeunes infortunées, Mlle Nicolle, qui, remplissant le rôle de la meilleure des mères, me secondait dans mes efforts avec une persévérance que je me sens incapable de qualifier comme elle le mérite : car le zèle de cette noble nature ne s'est jamais ralenti depuis plus de trente années.

En mars 1851, toutes les filles de ce service furent pourvues d'un costume complet. Nous mettions tout en œuvre pour affermir la santé de ces pauvres êtres ; leurs attaques avaient sensiblement diminué, et elles se rendaient plus utiles dans le service. Malgré tout, la surveillante pensait que leurs accès reparaîtraient à la moindre émotion. On va voir que cette crainte n'était pas fondée : un jour, le 15 avril 1851, comme nous étions sur le point de terminer la séance, le ciel se couvrit et des éclairs ne tardèrent pas à se produire. Plusieurs de ces malheureuses filles se mirent à trembler. Je les réunis sans perdre de temps, le visage tourné vers les éclairs ; le tonnerre commença à gronder. Je leur fis aussitôt entonner un chant en les rassurant ; puis, au milieu

des éclairs et des coups de foudre, sous une
pluie torrentielle, nous restâmes quelque temps
en chantant toujours; ensuite je les fis rentrer
pour changer de vêtements et se coucher, car
il faisait nuit, et aucune ne fut malade.

Le 20 mai 1851, je les soumis à une autre
épreuve. Je pris un gros pistolet que je char-
geai fortement, et, sans aucun avertissement,
je fis partir l'arme au-dessus de leurs têtes.
Un cri général se fit entendre, mais personne
ne fut indisposé.

Si je proposais de faire de pareilles expé-
riences aujourd'hui, je pourrais craindre qu'on
me jugeât digne d'être conduit à Charenton,
et je n'aurais pas rapporté ces faits, si quantité
de personnes encore dans ce service n'en
avaient été témoins.

En présence de ces résultats, nous décidâ-
mes, Mlle Nicolle et moi, d'essayer un nouveau
moyen. Nous prîmes à part trois filles, grandes
et fortes, auxquelles nous nous intéressions
plus particulièrement, et je leur promis sérieusement que si elles se défendaient de leurs attaques pendant six mois, je leur donnerais à
chacune une belle montre en argent, et je les
fis surveiller. Les six mois se passèrent sans

crise. Je proposai alors à M. le directeur général de leur donner ces récompenses avec solennité. La décision se fit attendre, mais elle arriva au bout de huit mois et, avec l'autorisation de notre bon directeur, nous fîmes enlever tous les lits d'une grande salle (nous n'avions pas encore de gymnase couvert). Le 22 juillet 1851, en présence de M. Davenne, directeur de l'Assistance publique, de hauts fonctionnaires de l'administration, de MM. les docteurs de l'hôpital et de nombreuses personnes étrangères, M. le docteur Blache prononça un long discours dont je ne reproduis que les dernières lignes parce qu'elles me concernent :

Doué d'une grande perspicacité, d'une fermeté et pourtant d'une douceur et d'une patience à toute épreuve, les beaux succès qu'il vient d'obtenir à la Salpêtrière dans le traitement de l'épilepsie, vraie et simulée, doivent le recommander d'une manière toute particulière à la bienveillance de M. le directeur général de l'Assistance publique et à l'estime de tous nos collègues.

A cette réunion sans précédent, les enfants des deux établissements furent exercés; ils accompagnèrent les exercices de chants spéciaux;

puis ils exécutèrent des exercices avec les poignées à sphères mobiles. Ils reçurent ensuite leurs prix et regagnèrent leur résidence le cœur plein de joie et de reconnaissance.

Le 6 novembre 1851, je fus bien agréablement surpris en lisant dans la *Gazette des hôpitaux* le compte rendu relatif à une jeune fille que j'avais eu le bonheur de guérir à l'hôpital de la Pitié. Je ne citerai que ce fait entre beaucoup d'autres qui sont consignés dans un ouvrage intitulé : *Application de la gymnastique à la guérison de quelques maladies.* (Ce petit ouvrage relate seulement la marche de la gymnastique dans ces établissements.)

Voici l'extrait du compte rendu dont je viens de parler :

Gazette des hôpitaux, n° 28, jeudi 6 novembre 1851. Hôpital de la Pitié, M. le docteur Becquerel : *Du traitement de la chorée par la gymnastique.*

On se rappelle les détails intéressants publiés, il y a quelques mois, dans la *Gazette des hôpitaux* sur les résultats obtenus à l'hôpital des Enfants et à la Salpêtrière par l'application des exercices gymnastiques à diverses affections nerveuses et aux scrofules.

M. le docteur Becquerel, informé des succès re-

marquables obtenus par cette méthode de traitement,
se proposa de la mettre en usage pour une jeune fille
atteinte de chorée de la forme la plus grave et demanda en conséquence à M. le directeur de l'Assistance publique « l'autorisation de faire venir à la Pitié
M. Laisné, le professeur zélé et intelligent qui a établi le beau gymnase à l'hôpital des Enfants ».

L'autorisation ayant été accordée avec empresse-
ment, le traitement fut appliqué à la jeune malade,
et voici comment M. le docteur Becquerel rend compte
de la maladie et du résultat obtenu :

« La nommée Gency (Adèle), âgée de 17 ans, est entrée dans mon service pour une chorée (danse de Saint-
Guy) des plus intenses. Non seulement la chorée existait dans les membres, mais elle avait frappé les organes de la voix, et la parole était devenue inintelligible.

« Pendant l'espace de trois mois, j'essayai sur elle,
d'une manière suivie, toutes les méthodes thérapeutiques connues dans la science.

« Ainsi, la belladone, la strychnine, la valériane,
le sulfate de quinine, le quinquina, le fer, le tartre
stibié à haute dose, l'opium à haute dose ; puis, à
l'extérieur, les bains tièdes prolongés, les bains sulfu-
reux, les bains froids et affusions froides, l'électricité.

« Toutes ces méthodes n'eurent aucun succès, ne
produisirent aucune amélioration ; la malade était
exactement dans le même état, et la menstruation
s'était arrêtée.

« A cette époque, ayant entendu parler des résultats de M. Laisné à l'hôpital des Enfants, j'annonçai que, si l'on ne pouvait la soumettre à ce traitement, j'étais décidé à ne pas la conserver, attendu que je la regardais comme complètement rebelle à toutes les autres méthodes thérapeutiques.

« D'après le désir de M. le directeur général de l'Assistance publique, M. Laisné vint à l'hôpital de la Pitié examiner cette jeune fille et annonça qu'il se chargeait de la guérir en un mois.

« Depuis, M. Laisné, animé d'un zèle remarquable, vint constamment et presque toujours deux fois par jour, exercer lui-même cette jeune fille.

« Sous l'influence de ce traitement, que je crois inutile de décrire ici, la guérison eut réellement lieu en un mois, et elle fut progressive.

« A l'instant de la cessation du traitement, la jeune Gency était complètement guérie, s'exprimait avec une parfaite liberté de langage, n'avait aucun mouvement irrégulier, avait repris tout son appétit et avait beaucoup plus d'embonpoint qu'avant l'emploi de la gymnastique.

« En un mot, je considère la guérison de cette jeune fille comme un très bel exemple de guérison de chorée ; et, sous ce rapport, je crois qu'on ne saurait trop adresser des remerciements à M. Laisné.

« Signé : BECQUEREL. »

A la Salpêtrière comme à l'hôpital des Enfants, j'avais installé quelques machines fixées au sol, et plusieurs engins aux branches d'un arbre. A côté de l'endroit où nous étions, il y avait un grand terrain abandonné, séparé du service par un mur, et sans clôture le long du boulevard de la Gare; je le demandai avec instance à plusieurs reprises, et il nous fut accordé par l'administration le 28 octobre 1851. Sans m'effrayer de l'énorme quantité de terre qu'il fallait déplacer pour le niveler, car il servait de décharge, j'indiquai sans retard les cotes de nivellement; la partie attenante au boulevard fut close provisoirement avec de fortes planches; je fis apporter ce qui restait des petites brouettes dont nous nous étions servis à l'hôpital des Enfants, et nous nous mîmes à l'œuvre en nous servant, pour ces grands travaux, des filles et des femmes de bonne volonté. En dehors de leurs crises ces personnes sont très fortes, et même énergiques. Pendant mon absence, l'infatigable Mlle Nicolle surveillait le travail, et, malgré notre acharnement, nous ne terminâmes que vers la fin de juillet 1853, après vingt et un mois accomplis, en comprenant le temps que prit l'installation des machines.

Nous n'avions pas encore de gymnase couvert, mais nous étions plus heureux qu'à l'hôpital des Enfants ; nous pouvions nous servir de la salle d'étude en rangeant les tables et les bancs.

Notre élan et notre persévérance impressionnèrent les chefs de l'administration ; des fonds furent accordés pour un gymnase couvert au service Sainte-Marie ; les travaux de ce gymnase furent commencés le 5 juillet 1883.

La deuxième cérémonie pour la distribution des prix aux malades des deux hôpitaux eut lieu le 11 août 1882, à l'hôpital des Enfants, dans le nouveau et magnifique gymnase couvert, qui fut, pour la circonstance, décoré grandiosement. Je suis très heureux de le dire, tout le monde nous venait en aide pour ces fêtes.

M. Davenne, directeur général de l'Assistance publique, prononça un discours qui fut chaleureusement applaudi MM. les docteurs prirent ensuite la parole, et cette fête humanitaire, qui se passa devant plus de douze cents personnes, fut charmante. Une nouvelle fête eut lieu au service Sainte-Marie, à la Salpêtrière, le 23 octobre 1852.

Le directeur de l'hôpital des Enfants, M. de Chaumont, dont la prévoyante bonté était inépuisable, obtint que les enfants en traitement externe fussent admis gratuitement au cours gymnastique. Cette faveur lui fut accordée le 13 mai 1853. En peu de temps, plus de cinquante enfants, filles et garçons, étaient désignés par MM. les docteurs pour suivre ce cours; l'administration décida ensuite que toutes les familles qui le pourraient donneraient 10 francs par mois. A la suite de cette décision, le nombre des enfants diminua rapidement.

Sur la demande de M. le docteur Lélut, l'organisation d'un gymnase fut commencée dans le service des épileptiques, à la Salpêtrière, en juin 1853, et le cours gymnastique y fut inauguré le 17 octobre 1853.

Le 8 septembre 1853 eut lieu la troisième distribution de prix à l'hôpital des Enfants; elle fut encore plus grandiose que les précédentes.

Après tant de travaux accomplis, tant de services organisés, et d'aussi nombreuses

séances données pendant cinq années, dépen-
sant dans les hôpitaux ce que je gagnais au
dehors, je dus demander à l'administration
une rétribution, à mon avis bien méritée. Le
6 avril 1854, M. Davenne, directeur général,
me fit connaître que des appointements venaient
d'être fixés pour l'année 1854. Ils étaient destinés à un professeur adjoint, à une adjointe,
et à moi. Heureux de cette bonne nouvelle, je
choisis une ancienne malade de la Salpêtrière,
en état d'enseigner ces exercices; c'était une
de celles qui avaient été gratifiées d'une montre à la première distribution des prix de 1851.
Puis, sur la recommandation de mon ami M. le
colonel d'Argy, qui dirigeait l'École normale
de gymnastique à cette date, j'exemptai du
service militaire un sous-officier, moyennant
la somme de 1,800 francs que j'eus beaucoup
de peine à me procurer. En faisant un pareil
sacrifice, je comptais sur un aide capable de
comprendre la mission délicate qu'il acceptait
et la difficulté de l'application de la gymnastique à la médecine; mais les dispositions pour
cette science particulière lui faisaient défaut,
et il resta professeur de gymnastique suivant
ses traditions ordinaires.

Comme je ne veux donner à personne le droit de supposer que j'exagère l'étendue de mon labeur pendant ces cinq premières années de l'application de la gymnastique au traitement de certains malades dans les hôpitaux, j'extrais d'un long rapport fait à l'Académie de médecine par M. Blache le passage suivant :

Moniteur des hôpitaux (n° 91, mardi 1er août 1854) :

Le conseil municipal vient de compléter cette œuvre philanthropique en ajoutant aux allocations de fonds qu'il avait déjà votées celles qui étaient encore nécessaires pour assurer à ces gymnases une direction intelligente, active, dévouée, que l'on n'a due pendant longtemps qu'au zèle désintéressé de M. Laisné.

Cette année 1854, les gymnases couverts et à l'air furent terminés à l'hospice de Bicêtre, et la première séance eut lieu le 24 avril 1854, pour les enfants et les hommes.

Les gymnases de l'hôpital Sainte-Eugénie furent également terminés, et la première séance eut lieu le 12 juin 1854.

Le 14 septembre 1854, la quatrième cérémonie pour la distribution des prix eut lieu à l'hôpital des Enfants. Elle fut encore plus brillante que les précédentes ; plus de 500 francs furent donnés par différentes personnes pour cette fête, si bien que nous étions presque embarrassés pour la répartition des prix. Nous décidâmes de donner quatorze livrets de caisse d'épargne de 20 et 25 francs, et le reste de la somme fut converti en objets utiles pour le travail.

En 1854, le directeur de l'hôpital Sainte-Eugénie, ne voulant pas rester en arrière, organisa une cérémonie non moins brillante. La première cour d'entrée fut entièrement couverte ; de grandes tapisseries des Gobelins furent tendues de tous côtés, avec une magnifique estrade où M. le directeur de l'Assistance publique, MM. les docteurs et d'autres personnes prirent place.

Enfin une cinquième fête eut encore lieu à cet hôpital le 13 septembre 1855. On attachait tant d'importance à cette cérémonie que, cette fois, plus de 800 francs furent mis à notre disposition. Comme les frais de décoration étaient considérables, je me rendis chez M. Godillot, décorateur du gouvernement, pour lui demander d'abaisser, autant que possible, ses

prix pour cette fête. Il m'accueillit avec bonté
et me répondit : « Vous payerez seulement les
voitures et je vous donnerai tout ce que vous
voudrez. » Quantité de livrets de caisse
d'épargne furent délivrés, ainsi qu'un nombre
considérable d'objets utiles. Cette grande fête
dépassa en éclat toutes les précédentes, et nous
étions bien éloignés à ce moment de penser
que ce serait la dernière.

Le 1ᵉʳ décembre 1855, nous conduisions à
sa dernière demeure M. de Chaumont, ce
modèle de charité et de bienfaisance.

Le nouveau directeur, ayant eu des difficultés avec la veuve de son prédécesseur, sœur de
M. Pépin, directeur du bureau des dons de l'em-
pereur, l'allocation de 300 francs qui avait été
accordée les années précédentes fut supprimée.
Je me rendis chez M. le directeur général de
l'Assistance publique. Il me répondit que l'em-
pereur ne donnant rien, il ne pouvait pas faire
plus que lui. A l'époque ordinaire, quelques
prix mesquins furent distribués aux enfants ;
mais il n'y eut aucune cérémonie. Plus tard,
un autre directeur distribua aux enfants, avec
une insouciance déplorable, quelques chape-
lets qu'il avait apportés dans ses poches, et

ces fêtes, qui apportaient la joie dans tous les cœurs, furent abolies dans ces deux établissements. Elles ont continué d'être célébrées à la Salpêtrière, où elles sont toujours grandioses et magnifiques, et suivies d'un véritable repas de famille, et quelquefois d'un bal.

J'éprouve une vive satisfaction de trouver ici l'occasion de remercier M. Lebas, directeur de la Salpêtrière, pour la sympathique bienveillance dont il fait preuve dans tous les services et en particulier dans le nôtre, celui qui concerne la gymnastique; partout où ce digne homme a passé, il a laissé des traces heureuses de son intelligente administration.

NOTIONS PRATIQUES

SUR LES

EXERCICES DU CORPS

APPLIQUÉS AUX DIFFÉRENTS AGES

Sans prétendre avoir atteint le degré de connaissances suffisantes pour déterminer d'une façon précise ce que valent ces courtes observations, je vais essayer d'établir la répartition des exercices qui conviennent le mieux aux différents âges et aux différentes natures.

Il serait difficile de composer une série d'exercices pour chaque individu ; on peut se borner à les indiquer approximativement. C'est ce que je vais essayer de faire au sujet des cas les plus ordinaires, pour lesquels il est prudent de prendre des soins particuliers.

Jusqu'à un certain âge, huit ans par exem-

ple, les enfants ne devraient être exercés qu'avec des jeux à leur portée. Tant que la plupart
des gymnases ne seront pas mieux dirigés
qu'ils ne le sont aujourd'hui, ce sera commettre une imprudence inqualifiable que d'y conduire les enfants trop jeunès, surtout les filles;
il a été plus d'une fois question de la part de
la haute administration d'appliquer aux filles
une gymnastique rationnelle, à l'exemple de
celle qui est déjà en aussi bonne voie dans les
écoles communales. Lorsqu'on aura pu réaliser
cette généreuse pensée, on aura fait un grand
pas pour protéger la santé de celles qui sont
appelées à perpétuer la race humaine. Je dirai
qu'il est regrettable que la majeure partie des
maîtres voués à l'instruction de la jeunesse, et
je puis ajouter, la plus grande partie des professeurs de gymnastique, ne sachent pas utiliser tant de jeux différents, qui devraient être
la seule récréation des enfants.

On sait que, pendant leur première jeunesse,
les enfants ont besoin de mouvements qu'il
serait imprudent de chercher à comprimer.
Un point sur lequel j'insiste surtout, c'est que
tous les mouvements provoqués par des jeux
ou des exercices devraient être dirigés en vue

de développer l'adresse ainsi que le jugement.
Il ne faut pas accepter légèrement, comme on
le fait d'ordinaire, l'idée qu'il est indifférent
qu'un enfant se livre à un jeu quelconque,
pourvu qu'il s'y livre.

En agissant de cette façon, les enfants de
familles aisées brisent un nombre considérable
de jouets, sans avoir souvent la moindre connaissance de l'attrait qu'un seul d'entre eux
pourrait leur procurer, s'ils en étudiaient le
mécanisme. Un commencement d'ordre et d'a-
dresse ne serait pas sans influence pour con-
tribuer à leur premier perfectionnement physique.

Le docteur Foissac, dans sa *Gymnastique
des anciens, comparée à celle des modernes*
(1838, p. 73), s'exprime ainsi à ce sujet :

« Le perfectionnement que l'éducation physique et morale nous communique ne s'arrête
point aux individus, ne s'éteint pas avec eux ;
il se transmet par la génération, se continue
dans les races, et l'on ne peut prévoir jusqu'où
s'étendrait ce perfectionnement, si l'homme
aveugle et imprévoyant n'en brisait la chaîne
et ne détruisait, comme à plaisir, l'œuvre sa-
crée de la nature. »

Pendant le jeune âge, si l'on avait quelqu'un pour guider les enfants, des exercices de bras et de jambes, doux et rythmés, accompagnés de chants, seraient excellents pour favoriser le développement de ces petits êtres, pourvu que ces exercices ne fussent jamais violents ni trop prolongés.

Quant aux cas particuliers, si l'on a affaire à des enfants fluets, qui gesticulent du matin au soir, bien plus par manie ridicule que par besoin naturel, enfants qui usent les principes réparateurs de la vie avant de leur donner le temps de produire leur effet; pour de pareils étourdis, comme il y en a beaucoup trop, voici d'abord l'observation du docteur Tissot :

« C'est pourquoi nous avons considéré ailleurs le temps des exercices comme un temps de dépense qui met à contribution toute la machine; car un corps toujours agité ressemble à une liqueur qui est sur le feu : elle se tarit et ses esprits s'évaporent. »

Pour ces êtres, tous les exercices rythmés et non violents sont bons, et l'effet en est encore plus direct si l'on peut les faire accompagner de chants modérés; les marches forcées ou trop prolongées, les courses violentes, les sauts continus avec la corde, etc., sont absolument nuisibles pour ces natures aux mouvements désordonnés.

Si, au contraire, les enfants sont lourds, peu alertes et sans disposition naturelle au mouvement, il faut les forcer à s'y livrer souvent. Mais ici la tâche est assez difficile, vu la répugnance de ces enfants pour les exercices ; leur nature ne leur en demande pas, ils n'éprouvent aucun besoin d'en faire, ils ne peuvent pas même en comprendre l'utilité. Pour de pareils sujets, il faut agir avec réserve et prudence, car chez eux la circulation est moins active que chez les enfants ordinaires, et l'on pourrait leur faire beaucoup de mal en les forçant subitement à prendre part à des exercices violents. Dans cette circonstance, la prudence indique qu'il faut d'abord chercher à intéresser ces sujets par des exercices de leur goût, pour les amener peu à peu au niveau des enfants ordinaires ; qu'on n'oublie pas surtout qu'il faut beaucoup de patience et de persévérance pour arriver au but qu'on se propose d'atteindre.

Je puis ici citer un exemple frappant, comme résultat, obtenu sur une nature semblable à celle dont il vient d'être parlé. Lorsque je dirigeais les exercices gymnastiques au lycée Saint-Louis, un jeune garçon nommé de Bé..., âgé de dix à onze ans, d'une nature très molle et généralement très faible, suivit les cours de gymnase; il était attentif aux observations. Après quelques séances, je lui donnai des conseils en l'assurant que, s'il voulait les mettre à exécution, il deviendrait non pas un athlète très leste, mais aussi fort qu'un jeune homme de bonne constitution. Je ne me rappelle pas avoir eu affaire à un enfant plus persévérant; vers sa quatorzième année il commença à se développer de façon à étonner proviseur et professeurs. A dix-huit ans, c'était un jeune homme magnifique de proportions et de bonne tenue, et il ne le cédait plus en rien à ses nombreux camarades; au concours, il remporta le premier prix de gymnastique sur quarante-cinq élèves de sa division.

Ce résultat, qui a étonné bien des personnes, ne devait pas me surprendre comme elles : car, à cette époque, j'en avais obtenu d'assez remarquables dans les hôpitaux, pour que celui-ci me parût tout naturel, l'enfant n'étant que faible sans être malade.

Bien que le cas ne soit pas le même, j'ajoute en terminant une observation, dans le but de venir en aide aux personnes auxquelles ces indications pourraient être utiles.

Mlle Nicolle (Léontine), notre persévérante et dévouée institutrice au service Sainte-Marie, à la Salpêtrière, n'a pas cessé de constater, depuis de longues années (1849), que les enfants arriérées, qu'elle est chargée d'instruire, ne commencent généralement à faire quelque chose en classe que lorsqu'elles ont été suffisamment dégourdies par les exercices gymnastiques ; et M. Vallée, le digne chef d'institution, qui a voué sa vie à l'éducation d'enfants semblables, dans son bel établissement de Gentilly (Seine), a fait exactement les mêmes observations sur les élèves confiés à ses soins.

Si l'on a affaire à un enfant qui grandit trop vite, tous les exercices rythmés par des chants, ceux exécutés avec le xylofer d'un poids convenable et les haltères, sont préférables à tous autres. Plus que jamais, il faut éviter les exercices violents, ainsi que les suspensions par les bras, les courses forcées, les sauts énergiques, le sautillement avec la corde ; en un mot, il faut procéder de façon à fortifier les muscles et leurs attaches sans les violenter, c'est-à-dire graduellement.

Une autre nature d'enfants encore plus difficile à modifier, est celle dont la croissance se trouve arrêtée sans cause connue. Il arrive assez souvent que des enfants, quoique bien portants, ne grandissent pas et se développent outre mesure en circonférence ; la première pensée des parents est de leur faire faire beaucoup d'exercice, sans se préoccuper du genre d'exercice ; alors naturellement, le résultat obtenu n'est pas celui qu'on avait espéré ; car, si les exercices sont trop forcés et surtout trop souvent répétés, l'enfant épaissit encore et ne grandit pas. La chose est facile à comprendre. Cette nature, par sa constitution, a les muscles trop développés ; toutes attaches autour des articulations sont en rapport avec ce développement ; si on les fortifie par des exercices mal combinés, on ne fait que ralentir encore la croissance au lieu de protéger son développement. Pour avoir chance de succès en pareille circonstance, il ne faut recourir qu'à des exercices libres : les courses, les sauts, les mouvements rythmés de bras et de jambes accompagnés de chants, les exercices du xylofer d'un poids léger, les jeux de balle, de ballon, de volant, les frictions à l'eau froide ou tiède et la natation, sont excellents pour ces cas particuliers. On aura soin d'éviter tous les exercices de force et de résistance.

Ce que je viens de vous dire pour les applications particulières peut servir de règles pour tous les enfants et les jeunes gens qui, par leurs dispositions naturelles, approcheraient le plus de celles dont je viens de parler.

Ce qui empêche ordinairement les personnes âgées ou affaiblies de s'adonner à la gymnastique, c'est le manque de progression dans la pratique et l'absence de connaissances dans le choix des exercices. Presque toujours, si les efforts sont ordonnés à un vieillard, la première chose qu'il fait c'est de se livrer à des mouvements trop violents et surtout trop prolongés, ce qui augmente son malaise au lieu de le diminuer. Ceci est facile à expliquer : voilà toute une organisation qui, affaiblie par les années, ne demande plus que des mouvements propres à entretenir un reste d'élasticité; et c'est dans cet état que l'on exige d'elle une dépense de forces qui n'existent plus ! Et encore, pour beaucoup de vieillards, s'ils ne parviennent à suer au moyen des exercices infligés, ils se figure que la sueur est inefficace ; certainement, il est naturel de suer, quand on active la circulation par des mouvements prolongés; mais ce n'est pas là une règle applicable à tous les individus. Les exercices modérés, qui seuls peuvent convenir à la vieillesse, ne sont pas toujours susceptibles de produire cet effet, qui, s'il a lieu, ne peut être attribué qu'au tempérament du sujet. Mais l'absence de sueur n'implique pas qu'il faille désespérer ; la prévoyance du Créateur a établi ce qui est nécessaire au corps pour faire ses fonctions; tant qu'elles ne sont pas interrompues par une cause accidentelle, il est inutile, et il peut être nuisible d'en provoquer une plus grande abondance par des exercices forcés. Le docteur Tissot a dit à ce sujet :

« Il en est, par exemple qui, du moment où l'on a jugé à propos de leur prescrire certains exercices, s'y livrent tout à coup et avec la plus grande violence. Qu'en arrive-t-il ? Ils reviennent chez eux si fatigués, si las, qu'ils se promettent bien de ne plus se servir du moyen qu'on leur a indiqué; et ils perdent ainsi toute

espérance des avantages et de la guérison même
qui en seraient résultés, s'il eût été employé
avec modération. D'autres, au contraire, ne se
donnant que peu de mouvement d'abord, ne
s'en trouvent pas beaucoup soulagés, et sur-le-
champ ils y renoncent, sans penser que le succès du moyen curatif qu'on leur avait conseillé,
n'était attaché qu'à sa continuation ; dès lors
ils s'imaginent, ils décident même tout haut,
que le pouvoir de l'exercice est une pure chi-
mère mise en usage par les gens de l'art, lorsqu'ils ne savent plus ni que faire ni que dire.

« Voilà de ces préjugés, ou plutôt de ces
obstacles qu'on rencontre souvent dans la
pratique ; mais lorsqu'on connaît à fond les
indications que présente une maladie quelconque, et qu'on a eu soin de prescrire l'espèce
d'exercice qui convient à chaque maladie particulière, et selon certaines conditions essen-
tielles, on a bientôt vaincu les obstacles et les
préjugés par le succès qui résulte de ce moyen
curatif. »

Lorsqu'un vieillard, par ordonnance de son
docteur, doit prendre de l'exercice, pour réta-
blir sa santé ou pour l'entretenir, il doit commencer par une progression qui ne sera jamais

trop lente; un exercice ne peut, dans aucune circonstance, produire son effet aussi promptement qu'un remède; au début, je conseillerai donc de se livrer à des mouvements de bras alternatifs et simultanés, de façon que toute la partie thoracique se ressente plus ou moins de leur action, et l'exécution aura lieu sans efforts brusques ni violents. Je recommande de commencer par les bras, les jambes étant forcément soumises à des mouvements plus fréquents. En faisant agir les bras en avant, en l'air et sur les côtés, en les étendant le plus possible, les muscles élévateurs et abaisseurs de la poitrine sont exercés en même temps; et si l'on peut chanter modérément ou compter à haute voix, l'effet produit sera encore plus salutaire (1). Quant au choix de machines ou d'instruments, ils doivent se borner à très peu de chose pour les personnes âgées. L'engin que je crois devoir recommander en première ligne, c'est une paire de ressorts à boudins en caoutchouc, avec poignées, qu'on peut se pro-

(1) Il existe une méthode de gymnastique classique avec chants notés, par M. Laisné, chez Picard-Bernheim, rue Soufflot, 11, dans laquelle on trouvera tous les exercices de bras et de jambes qu'on voudrait mettre en pratique.

curer suivant la force de résistance qu'on désire obtenir ; ils tiennent très peu de place et se fixent avec une grande facilité dans une chambre quelconque au moyen de deux pitons ordinaires. Le prix en est modeste, il varie de dix à vingt francs la paire (1). Avec ces ressorts on peut exécuter un nombre infini d'exercices doux, modérés ou énergiques, en faisant agir les bras dans tous les sens, l'un après l'autre, ou simultanément, en plaçant alternativement les jambes en avant pour fléchir sur elles, si on le désire. Ces exercices ont l'immense avantage de pouvoir être mis en pratique sans aucun danger.

Je recommande en second lieu le xylofer, instrument avec lequel on peut également exercer toutes les parties du corps (2).

En troisième lieu, je recommande les haltères d'un poids convenable (3). *La Gymnas-*

(1) On peut se procurer ces instruments à la Corderie centrale, boulevard de Sébastopold, n° 12.

(2) Pour la manœuvre de cet instrument, il existe une méthode imprimée, avec figures, par M. Laisné. Elle se vend chez Picard-Bernheim.

(3) On reconnaît que les haltères sont d'un poids convenable pour la personne qui doit en faire usage, en en tenant un dans chaque main, les bras étant étendus sur les côtés et horizonta-

tique classique, dont il a été parlé, peut présenter les éléments nécessaires pour beaucoup d'exercices; il suffira de prendre un haltère dans chaque main et de se conformer ensuite aux règles indiquées dans ce livre.

Je puis conseiller de se contenter de ces trois instruments, bien qu'il y en ait un quatrième très bon et très gracieux, qui est la massue persane; mais celui-ci est difficile à manœuvrer, et il y a très peu de professeurs de gymnastique qui en connaissent le mécanisme. Je ne connais pas d'instrument au-dessus de celui-là pour rendre ambidextre celui qui en fait un bon usage, tout en agissant sur toute la partie thoracique.

On peut s'en tenir à ces instruments pour les personnes d'un certain âge ou affaiblies; ils sont suffisants, vu le grand nombre et la variété des exercices qu'ils procurent; ils ont de plus l'avantage de pouvoir être pratiqués dans un assez petit espace.

Maintenant, s'il fallait se livrer à des mouvements précipités, il y a bien des jeux qui

lement, sans éprouver de difficulté pour les tenir un moment dans cette position.

fournissent le moyen de les appliquer ; avec une balle ou un ballon plus ou moins élastique, on peut pratiquer ces exercices, en le frappant plus ou moins énergiquement, avec les mains alternativement, sur le sol ou contre le mur.

Comme exercices ordinaires, je citerai les jeux de boules, de siam, le tir à l'arc, à l'arbalète, le volant, le jeu de grâce, de cornet, d'entonnoirs volants (1), qui se pratiquent dans toutes les saisons ; le billard est aussi un bon exercice, mais trop souvent, pour ne pas dire toujours, l'air de la pièce où on y joue est tellement vicié par la fumée de tabac, qu'il est préférable de s'en abstenir, si l'on doit s'y livrer dans de pareilles conditions.

Comme guide pour se gouverner au sujet de la dose d'exercices recommandée, je conseille de suivre le plus strictement possible les recommandations suivantes :

1° Soit qu'on commence à s'exercer pour la première fois, soit qu'on le fasse déjà depuis quelque temps, si, après les exercices terminés, on ne ressent pas un bien-être plus ou moins marqué, et qu'on éprouve au contraire

(1) Jeu très gracieux, inventé tout récemment par Mme Laisné.

de la lassitude accompagnée d'un peu de mal de tête, on peut être certain d'avoir agi trop brusquement ou d'avoir par trop prolongé les exercices.

2° En règle générale, on doit commencer par des exercices doux et terminer de même.

3° Le meilleur moment pour se livrer aux exercices est la matinée, avant le repas, mais non de trop grand matin, et de façon à pouvoir prendre un peu de repos avant de se mettre à table; les hommes compétents ont observé que les exercices pris avant le repas préparaient à une bonne digestion, et qu'au contraire ceux pris immédiatement après le repas la troublaient.

4° Si, les exercices terminés, on fait usage d'eau froide ou tiède, il ne faut pas différer un seul instant ces ablutions, mais profiter du peu de temps pendant lequel la peau expectore pour y procéder, et surtout dans un endroit clos.

Il est dangereux de s'appliquer de l'eau froide et même tiède dès que la transpiration est arrêtée, ou même en train de s'arrêter, à la suite d'exercices. J'engage beaucoup, dans les commencements, de ne prendre l'eau qu'avec les mains, et de se frotter soi-même; puis d'augmenter la dose progressivement, ou de s'en tenir à cette règle si l'on s'en trouve bien. Dans ma longue pratique, je n'ai souvent appliqué l'eau que lorsque les personnes avaient acquis un certain degré de force par les exercices; et tous ceux qui ont passé par cette façon de procéder s'en sont parfaitement bien trouvés.

A propos de l'application de l'eau, je crois pouvoir citer une observation pleine d'intérêt; je l'extrais d'un livre intitulé : *De l'hygiène des gens de lettres*, par Étienne Brunaud, docteur en médecine de la Faculté de Strasbourg (1819, p. 263).

« Il est des individus que les bains incommodent, quelle que soit leur température, et auxquels ils inspirent une répugnance invincible; ceux qui se trouvent dans ce cas ne doivent pas s'obstiner à y recourir, mais y suppléer par des lotions chaudes ou froides faites de temps à autre sur les diverses parties du corps. A ce sujet, je dirai avec Montaigne (*Essais*, liv. II, chap. XXXVII) : « En général, « j'estime le baigner salubre, et crois que « nous encourons non légères incommoditez,

« en nostre santé, pour avoir perdu ceste cous-
« tume, qui estoit généralement observée en
« temps passé, quasi en toutes les nations, et
« est encore en plusieurs, de se laver le corps
« tous les jours ; et ne puis pas imaginer que
« nous ne vallions beaucoup moins de tenir
« aussi nos membres encroustez et nos pores
« estoupez de crasse. »

5° Il ne faut pas se livrer à des exercices
violents ou soutenus avant le coucher, car on
agite alors le corps et on trouble le sommeil.

Comme principes d'hygiène, il est bon :

1° De prendre un peu d'exercice en sortant
de table, ainsi que de changer de chambre, lire,
causer, etc. ; il est très contraire à une bonne
digestion de se mettre auprès d'un grand feu de
suite après le repas, surtout si l'on se place de
façon que le visage soit exposé à la chaleur.

2° Il faut avoir soin de bien aérer la chambre
où l'on se couche, surtout si l'on y a fait du
feu, et cette précaution a été recommandée en
tous temps. Le docteur J.-D.-F. de Bienville,
dans son *Traité des erreurs populaires sur la
santé* (1775, p. 113), dit à ce sujet :

« L'air est l'ami de ceux qui le bravent, et
l'ennemi de ceux qui le craignent. »

3º Il est contraire à la santé de se coucher dans un lit trop mou. Le docteur Tissot, déjà cité, en explique ainsi les raisons, en s'appuyant des observations du savant Locke ; il dit :

« Ce philosophe observe très bien qu'un lit dur fortifie les membres, et qu'un lit mollet, où l'on s'ensevelit chaque jour dans la plume, fond et dissout, pour ainsi dire, tout le corps ; ce qui cause souvent des faiblesses et est comme l'avant-coureur d'une mort prématurée.

« Cette expression n'est pas exagérée, car rien, en effet, n'est plus préjudiciable à la santé et à la vigueur du corps que de s'enfoncer toutes les nuits dans le duvet. »

4º Au lieu de se garnir, en se couchant, de flanelle, de bas, de bonnet, etc., il est autrement salutaire de se desserrer le cou, la poitrine, les reins, les poignets et les jambes, afin de donner la plus grande liberté possible à la respiration, ainsi qu'à la circulation en général ; une saine propreté avant le coucher est une chose des plus favorables pour procurer un bon sommeil.

5º La toilette du matin est aussi très impor-

tante ; il ne faut pas craindre au lever de se
laver toutes les parties du corps avec de l'eau
froide ou tiède ; cette dernière est préférable,
elle a plus d'action sur la propreté ; il faut surtout bien se frotter, sous les bras, la partie
supérieure de la poitrine, le dos, les reins, etc. ;
si l'on fait tout cela avec une certaine énergie,
peu de temps après, on éprouvera plus de
liberté dans la respiration et un bien-être général des plus agréables. Pour les personnes
qui doivent se livrer au travail intellectuel,
dès le matin, voici ce que recommande le docteur Charles Londe, dans sa *Gymnastique mé-
dicale* (1821, p. 334) :

« Aussitôt qu'on se livre au travail, on doit
se débarrasser de sa cravate, de ses jarretières,
de ses bretelles, et déboutonner le col de sa
chemise.

« Par ces précautions, qui paraissent minu-
tieuses, la circulation générale, et en particulier la pulmonaire et la céphalique, se fera
plus aisément, et l'on soustraira une cause
fort ordinaire (surtout lorsqu'elle se réunit au
travail de tête) des congestions cérébrales. »

On ne doit pas attribuer à d'autres causes
qu'à ces manques de précautions les trop nom-

breux accidents dont sont victimes les personnes qui se livrent au travail soutenu de cabinet.

En résumé, l'impérieuse nécessité des modifications que je propose est reconnue depuis longtemps. Il y a vraiment lieu d'être surpris que des améliorations si urgentes soient si difficiles à réaliser, surtout quand on songe que l'armée et l'État y gagneraient sous tous les rapports.

Qu'on n'oublie jamais cette maxime : « L'oisiveté est comme la rouille, elle use plus que le travail. »

FIN

TABLE

Avant-propos   5

Mon début dans l'enseignement gymnastique   13

Introduction de la gymnastique dans les hôpitaux.   61

Notions pratiques sur les exercices du corps
aux différents âges   81

Paris. — Imp. Vve P. Larousse et Cie, rue Montparnasse, 19.

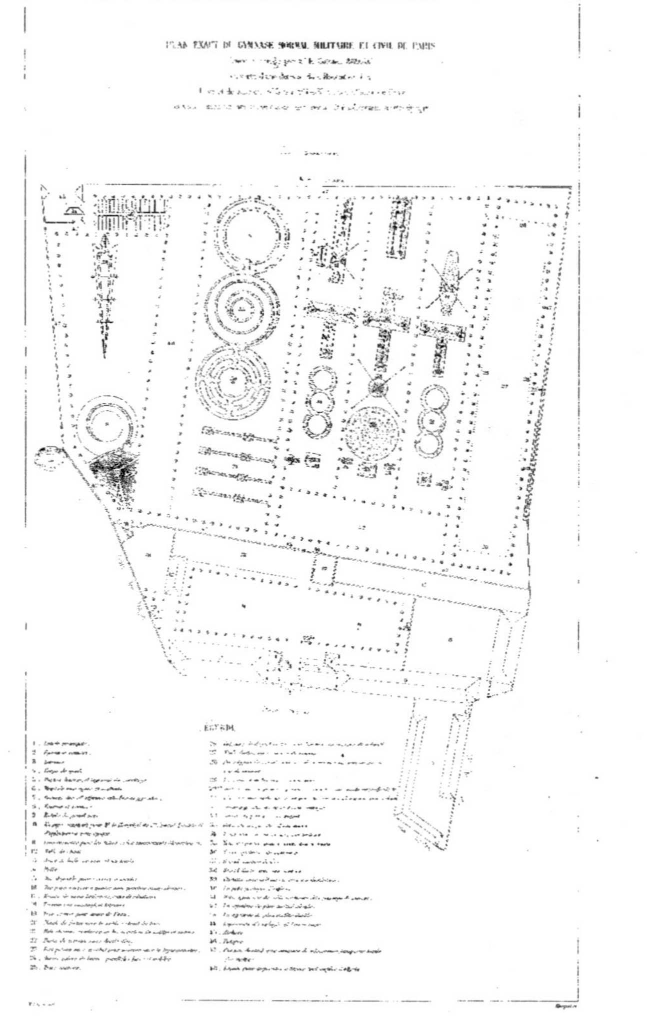

PLAN EXACT DU GYMNASE NORMAL MILITAIRE ET CIVIL DE PARIS
LÉGENDE.